GOLDMANN

Buch

Das Ziel des Kundalini-Yoga ist die Erweckung der schöpferischen
Kräfte im Menschen sowie die Einswerdung des Körperlich-Seeli-
schen mit dem Geistigen – und damit die Erfahrung höchster Ekstase und vollkommener Glückseligkeit. Die genauen Anweisungen
beziehen sich sowohl auf die überlieferte Theorie des Kundalini-
Yoga, als auch auf die Praxis der verschiedenen Körperhaltungen,
(Atem-)Übungen, Ernährungsvorschriften und geistigen Zustände
und Erfahrungen.

Autor

Swami Sivananda Sarasvati wurde 1887 in Südindien in eine Familie
hineingeboren, die schon früher viele weise Männer, Asketen und
Gelehrte hervorgebracht hatte. Er wurde Arzt, lebte dann aber als
Wandereremit. 1923 wurde er Mönch. Die meiste Zeit widmete er
sich der Meditation und dem Hatha-Yoga. Seit den dreißiger Jahren
sammelte sich eine ständig wachsende Anzahl von Schülern um ihn,
die sich mit ihm in der »Divine Life Society« zusammenschloß. Er
starb 1963.

S. Sivananda Sarasvati

KUNDALINI YOGA

Aus dem Französischen
von Ursula von Mangoldt

GOLDMANN VERLAG

Originaltitel: Kundalini-Yoga
Originalverlag: Divine Life Society Rishikesh (Himalaya)

Umwelthinweis:
Alle bedruckten Materialien dieses Taschenbuchs
sind chlorfrei und umweltschonend.

Der Goldmann Verlag
ist ein Unternehmen der Verlagsgruppe Bertelsmann

Genehmigte Taschenbuchausgabe 1994
Lizenzausgabe mit Genehmigung
des Scherz Verlags, Bern und München
Einzig berechtigte Übersetzung
aus dem Französischen von Ursula von Mangoldt
© Swami Sivananda Sarasvati
© der gesamtdeutschen Rechte
1953 by Scherz Verlag, Bern und München
Umschlaggestaltung: Design Team München
Satz: Uhl + Massopust, Aalen
Druck: Pressedruck Augsburg
Verlagsnummer: 12097
Ba · Herstellung: Martin Strohkendl
Made in Germany
ISBN 3-442-12097-7

1 3 5 7 9 10 8 6 4 2

INHALTSVERZEICHNIS

ERSTES KAPITEL

EINFÜHRUNG IN KUNDALINI-YOGA

VORWORT

Es gibt Bücher, die eine ganz persönliche Beziehung zum Menschen haben, die ihn nicht nur interessieren, anregen, erfreuen oder belehren, sondern die ihm etwas ganz Bestimmtes zu sagen haben, die einen Anruf an ihn bedeuten und Antwort von ihm verlangen. Solche Bücher stehen in der Verantwortung des Menschen. Sie sind nicht mehr ein von ihm abgesonderter Gegenstand, den er in die Hand nehmen und wieder fortlegen kann. Sie wollen angenommen und aufgenommen werden. Dies trifft vor allem zu für Bücher, die eine Weltanschauung oder Lebenshaltung zu vermitteln suchen, wenn sich der Mensch nicht schon so sehr des Wortes entfremdet hat, daß ihm das Gelesene nur eine Aneinanderreihung von Buchstaben bedeutet, über die er mehr oder weniger oberflächlich hinübergleiten kann.

Soll ein Buch mich bewegen, mich ansprechen, mir etwas sagen und eine Antwort von mir verlangen, so muß zwischen mir und diesem Buch eine lebendige Begegnung geschehen, und ich muß, wenn ich es lese, einer Zwiesprache innewerden. Unter diesem Gesichtspunkt betrachtet, erhebt sich nicht nur beim Lesen, sondern schon beim Veröffentlichen eines Buches über Yoga die Frage, ob es zu verantworten ist, in unserem westlichen Lebensraum die Begegnung mit der indischen, uns an sich wesensfremden Weltanschauung zu vermitteln. Bei einem Buch über Kundalini-Yoga wird die Frage besonders

9

wichtig, da dieses Thema noch kaum in deutscher Sprache behandelt wurde und sein Inhalt – das Erwecken der Kundalini, der schöpferischen Kräfte im Menschen – für einen Nicht-Wissenden ohne Hilfe eines Lehrers eine große Gefahr bedeuten kann, da andererseits aber eine Verspottung oder Leugnung der Möglichkeiten und Fähigkeiten, die durch Kundalini-Yoga erlangt werden können, nur ein Beispiel mehr wäre für das rationale, allein auf Verstandesargumente aufgebaute Weltbild unserer Zeit.

Aber gerade in der Zwiesprache mit einem solchen Buch kann etwas geschehen, was den Leser über sich selbst erhebt, was in ihm eine neue Betrachtung der Welt und seiner Aufgabe in ihr erweckt. Und um dieser Begegnung, dieser Erfahrung willen, ist das Buch des Swami Sivananda von großem Wert. Der Mensch begegnet im Weltbild, das dem Kundalini-Yoga zugrunde liegt, einem uralten Wissen, das den ungeheuren Erfindungen der Neuzeit, die den Menschen an den Rand des Seins abdrängen, die gewaltigen inneren Kräfte der Seele und das Bewußtsein der geistigen Überlegenheit als Gegengewicht zur Seite stellt. Er wird der ihm innewohnenden Mächtigkeit gewahr und vermag in der Beherrschung des natürlichen Lebens die dem Menschen von Urher gegebene Machtvollkommenheit zu erfahren, die ihn zum Herrn der Schöpfung erhebt, zum Überwinder aller Begrenzungen und Leiden der irdischen Welt und ihm die wahre Glückseligkeit verleiht.

Wenn der Mensch unserer westlichen Welt durch die Begegnung mit diesem Buch wieder die Macht seiner Gottebenbildlichkeit erkennt und durch die Vorstellungen der indischen Gedankenwelt zurückgeführt wird zum Erlebnis seiner geistigen Existenz, dann hat es eine sehr wesentliche Aufgabe zu erfüllen und sollte – trotz mancher Gegenargumente und Schwächen – mit Dankbarkeit aufgenommen und zur Begegnung werden des Menschen mit sich selbst.

U. v. Mangoldt

Dem Leser, der sich noch eingehender mit der Bedeutung der Chakras und dem Erwecken der Kundalini beschäftigen will, sei das Buch von Werner Bohm: »Die Chakras, Lebenszentren und Bewußtseinskräfte im Menschen« empfohlen. Die Übungen und Stellungen des Hatha-Yoga, die im vorliegenden Buch erwähnt werden, finden in den Büchern von C. Kerneiz: »Yoga für den Westen« und »Lehre und Praxis des Hatha-Yoga« wertvolle Ergänzungen. (Die Bücher sind erschienen im Otto-Wilhelm-Barth-Verlag, München).

EINLEITUNG

O göttliche Mutter Kundalini, göttliche kosmische Energie, die du verborgen bist im Menschen. Du bist Kali, Durga, Adi-shakti, Rajeswari, Tripurasundari, Mahalakshmi, Maha Saraswati! Du hast all diese Namen und Gestalten angenommen. Du hast dich als Prana, als Elektrizität, als Energie, Magnetismus, als Kraft des Zusammenhangs und der Anziehung in diesem Weltall offenbart. Dieses ganze Weltall ruht in deinem Schoß. Heil, unzähligmal Heil dir, Mutter dieser Welt! Hilf mir, daß ich Sushumna Nadi (den astralen Kanal der Wirbelsäule) öffne und dich die Chakras entlang zum Sahasrara Chakra (am Scheitel des Kopfes) führe. Hilf mir, daß ich in dir und deinem Gemahl, dem Gott Shiva, versinke.

Kundalini-Yoga ist der Yoga, der von Kundalini Shakti, von den sechs Zentren der geistigen Energie *(shat chakras)*, von dem Erwecken der schlafenden Kundalini Shakti und ihrer Verbindung mit Shiva im Sahasrara Chakra am Scheitel des Kopfes handelt. Er ist eine exakte Wissenschaft, auch als Laya Yoga bekannt. Der Aufstieg der Kundalini Shakti bis zum Scheitel des Kopfes durchdringt die sechs Zentren *(chakra bheda)*. »Kundala« bedeutet zusammengerollt. Kundalinis Gestalt gleicht einer zusammengerollten Schlange. Daher ihr Name.

Es entspricht der allgemeinen Auffassung, daß der Mensch als einziges Ziel seiner Handlungen Glückseligkeit erstrebt. Ewiger, unendlicher, unverbrüchlicher, höchster Seligkeit gilt das tiefste und letzte Streben des Menschen. Da diese Seligkeit aber nur im eigenen Selbst, im Atman, liegen kann, muß man in sich selbst die ewige Glückseligkeit suchen.

Nur der Mensch besitzt die Fähigkeit des Gedankens. Nur er kann überlegen und urteilen. Nur er kann vergleichen und gegenüberstellen, Für und Wider abwägen und Schlüsse ziehen. Darum vermag auch nur er allein Gott-Bewußtsein zu erlangen. Wer aber nur ißt und trinkt, wer seine Denkfähigkeit nicht nutzt, ist nichts anderes als ein Tier.

Oh, ihr irdisch gesinnten Menschen! Erwacht aus dem Schlaf der Unwissenheit *(ajnana)*. Öffnet eure Augen, erhebt euch, um die Weisheit Atmans zu empfangen. Übt geistige Schulung *(sadhana)*, erweckt Kundalini Shakti und findet den »Schlaflosen Schlaf«, Samadhi. Geht ein in Atman.

Chitta ist die Substanz des Gedankens, die verschiedene Formen und Gestalten annimmt *(parinama)*. Ergebnis dieser Veränderungen sind die Gedankenwellen, die Vrittis. Wenn Chitta an einen Mangobaum denkt, bildet sich die Gedankenwelle *(vritti)* des Mango im Meer von Chitta. Diese Welle vergeht, wenn sich durch den Gedanken an Milch eine andere Gedankenwelle bildet. Zahllose Vrittis entstehen und vergehen im Meer von Chitta und beunruhigen das Bewußtsein. Sie bilden sich, weil unbewußte Eindrücke *(samskaras, vasanas)* wirksam sind. Schaltet man die Eindrücke aus, so vergehen die Vrittis von selbst.

Wenn eine Gedankenwelle *(vritti)* vergeht, läßt sie einen latenten Eindruck im Unbewußten zurück, den man Samskara nennt. Die Summe aller Samskaras heißt »Karmasaya«, »Sanchit Karma«, das heißt Sammelbecken der Handlungen. Wenn der Mensch seinen physischen Körper verläßt, führt er seinen astralen Körper mit den siebzehn Elementen *(tattwas)* gemeinsam mit den angesammelten Werken *(karmasaya)* zur Mentalebene hinauf. Karmasaya wird nur durch die höchste, im überbewußten *(asamprajnata)* Samadhi erworbene Erkenntnis aufgelöst.

In der Konzentration ist es erforderlich, die sich zerstreuenden

Gedankenstrahlen sorgfältig zu sammeln und die Gedankenwellen *(vrittis)*, die immer wieder auf dem Meer von Chitta entstehen, auszulöschen. Erst wenn sie alle vergangen sind, wird das Bewußtsein ruhig und heiter werden, und der Yogi wird Frieden und Glückseligkeit erfahren. Wahres Glück ist nur im eigenen Inneren, in der Beherrschung der Gedanken zu finden, nicht in Geld, Frauen, Kindern, Ruhm, Stellung und Macht.

Reinheit des Bewußtseins führt zur Vollendung im Yoga. Beherrsche dich im Umgang mit anderen. Laß keine Eifersucht aufsteigen. Sei mitfühlend und hasse nicht die Sünder, sondern sei freundlich zu allen und wohlgefällig der Obrigkeit. Man wird bald Erfolg im Yoga haben, wenn man seine äußerste Energie in die Yogaübungen legt und wenn die Sehnsucht nach Befreiung und Entsagung *(vairagya)* groß und ernsthaft ist. Intensive und anhaltende Meditation ist notwendig, um in Samadhi einzugehen.

Wer festen Glauben an die Schriften *(srutis und shastras)* besitzt, wer rechte Haltung *(sadachara)* übt, wer sich unaufhörlich dem Dienst seines Guru widmet, wer frei ist von Lust, Ärger, Täuschung, Gier und Eitelkeit, wird das Meer von Tod und Wiedergeburt *(samsara)* leicht überqueren und Samadhi erlangen. Wie das Feuer einen Haufen trockener Blätter verzehrt, so vernichtet Yoga jedes Karma. Der Yogi erlangt absolute Unabhängigkeit *(kaivalya)* und empfängt im Samadhi Intuition und wahre Erkenntnis, die unmittelbar in ihm aufleuchten.

Neti, Dhauti, Basti, Nauli, Asanas und Mudras erhalten den Körper gesund, stark und in vollkommener Beherrschung. Diese Reinigungsübungen und Stellungen sind aber nicht Selbstzweck des Yoga, sondern nur Hilfen für die Übungen der Meditation *(dhyana)*, die ihren Höhepunkt im Samadhi, der Selbstverwirklichung findet. Wer Hatha-Yoga-Übungen ausführt, ist noch kein vollkommener Yogi. Erst wenn er in den höchsten Zustand des Samadhi eingegangen ist, hat er vollkommene Unabhängigkeit erreicht und ist ein völlig Unabhängiger *(swatantara yogi)* geworden.

Es gibt zwei Arten von Samadhi: Jada Samadhi und Chaitanya Samadhi. Ein Hatha-Yogi vermag durch Beherrschung der Kechari Mudras sich in einem Sarg einschließen zu lassen und Monate und Jahre unter der Erde zu leben. Da in solcher Art Samadhi keine höhere, übernatürliche Erkenntnis gewonnen wird, heißt dieser Zustand lebloser *(jada)* Samadhi. Im bewußten *(chaitanya)* Samadhi der Allbewußtheit erfährt der Yogi übernatürliche Weisheit.

Bei den Übungen des Yoga erwirkt der Schüler verschiedene Arten von seelischen Kräften *(siddhis)*, die ein Hindernis für seine Selbstverwirklichung sein können. Darum sollte der Yogi auf diese Kräfte keinen Wert legen, wenn er auf dem geistigen Weg fortschreiten und das letzte Ziel erreichen will. Wer seelische Kräfte *(siddhis)* erstrebt, wird ein erfolgreicher, irdisch gesinnter Mensch. Das eigentliche Ziel aber ist Selbstverwirklichung, und alles Wissen dieser Welt ist nichts, verglichen mit der geistigen Weisheit, die durch Selbstverwirklichung erlangt wird.

Gehe mit Vorsicht auf dem Pfad des Yoga voran und säubere diesen von Unkraut, Dornen und spitzen Steinen. Name und Ruhm sind Ecksteine; schwache Unterströme von Lust sind Unkraut; Bindung an Familie, Kinder, Geld, Schüler, Ashram sind Dornen. Sie alle sind Formen der Maya und erschweren dem Schüler das Vorwärtsschreiten, sie bringen ihn zu Fall, denn sie verführen ihn zu falscher Zufriedenheit *(tushti)* und zu der törichten Einbildung, er habe die Verwirklichung erreicht und könne andere unterweisen. Er gleicht dem Blinden, der Blinde führt.

Ich warne euch, Schüler! Vergeßt nicht, daß Einsamkeit, Meditation und Hingabe erforderlich sind. Geht ohne euch ablenken zu lassen auf das Ziel zu und verliert nicht den Eifer in Schulung und Entsagung, bis ihr das höchste Ziel, das Grenzenlose *(bhuma)* erreicht habt.

Jenseits der Gedankenveränderungen *(nirvikalpa)* heißt der Zustand des Überbewußtseins, in dem es keine Gedanken mehr gibt und völlige Ruhe in das Bewußtsein einzieht. Die Funktionen des Verstandes und die zehn Sinneswahrnehmungen *(indriyas)* hören auf, wirksam zu sein. Der Schüler ruht in Atman. Für ihn gibt es keine Unterscheidung mehr zwischen Subjekt und Objekt. Welt und Gegensätze lösen sich auf. Er befindet sich in einem Zustand jenseits aller Relativität, im Zustand des Yogarooda.

Wenn sich Kundalini im Sahasrara Chakra mit dem Gott Shiva vereint, ist Samadhi vollkommen erreicht, und der Schüler trinkt den Nektar der Unsterblichkeit. Mutter Kundalini hat ihre Aufgabe erfüllt. Ruhm ihr! Möge ihr Segen auf uns niederkommen!

Om Santi!! Santi!!!

BEDEUTUNG DES KUNDALINI-YOGA

Durch Yoga tritt der menschliche Geist in enge und bewußte Verbindung mit dem göttlichen Geist oder versinkt in ihm, je nachdem ob man den menschlichen Geist als getrennt *(dvaita, visistadvaita)* oder als eins *(advaita)* mit dem göttlichen Geist ansieht. Da der Vedanta von der letzten Annahme ausgeht, ist Yoga der Vorgang, durch den der Schüler des Yoga die Identität von Jivatman (verkörperter Seele) und Paramatman (göttlicher Geist) erfahren wird – eine Identität, die tatsächlich existiert. Diese Erfahrung wird dadurch erlangt, daß der Geist den Schleier der Maya durchdringt, die als Bewußtsein und Materie dieses Wissen um sich selbst verdunkelt. Der Weg zu dieser Erfahrung, zur Befreiung von der Täuschung der Maya, ist Yoga. Im Gheranda-Samhita heißt es: »Es gibt keine ähnlich starke Fessel wie Maya und keine größere Macht, sie zu sprengen, als Yoga.« Vom monistischen Standpunkt *(advaita)* aus kann man Yoga nicht als endgültige Vereinigung ansehen, weil dies einen Dualismus zwischen göttlichem und menschlichem Geist voraussetzt. In diesem Fall würde der Vorgang das Wesentliche sein und nicht das Ergebnis. Wenn man einen Unterschied zwischen beiden sieht, läßt sich Yoga sowohl für den Vorgang wie für das Ergebnis anwenden.

Nicht jeder ist berufen, Yogi zu werden, sondern nur sehr wenige. Man muß in diesem oder in früheren Leben sich selbstlos seiner Aufgabe gewidmet oder rituelle Regeln befolgt haben, ohne Bindung an die Handlungen und ihre Ergebnisse. Man muß selbstlose Verehrung *(upasana)* geübt und als deren Ergebnis ein reines Bewußtsein *(chittasuddhi)* erlangt haben. Dies heißt nicht nur, daß die Gedanken von sinnlicher Unreinheit *(sadhana)* frei sein müssen, das ABC des geistigen Weges an sich. Denn man kann in diesem Sinn rein und dennoch völlig ungeeignet sein. Yoga Chittasuddhi besteht nicht nur in moralischer Reinheit jeder Art, sondern in Weisheit, Bindungslosigkeit, geistiger Klarheit, Aufmerksamkeit und Meditation. Hat das Bewußtsein durch Karma-Yoga und Upasana diese Eigenschaften erlangt, und sind Leidenschaftslosigkeit und Bindungslosigkeit – das Ziel des Jnana-Yoga – vorherrschend, dann steht der Yogaweg offen zur Erfahrung der höchsten Wahrheit. Für diese höhere Form des Yoga sind aber nur sehr wenige Menschen geeignet. Die Mehrzahl sollte ihre Entwicklung auf dem Pfad des Karma-Yoga und der Hingabe suchen.

Es gibt vier Hauptformen des Yoga, der unterschiedlichen geistigen Schulung entsprechend: Mantram-Yoga, Hatha-Yoga, Laya-Yoga und Raja-Yoga. Kundalini-Yoga ist ein Teil des Laya-Yoga. Eine andere Einteilung ist: Jnana-Yoga, Raja-Yoga, Laya-Yoga, Hatha-Yoga und Mantram-Yoga. Diese Einteilung gründet auf der Überlegung, daß es fünf Aspekte des geistigen Lebens gibt: Dharma (Tugend), Kriya (Körperübungen), Bhava (seelisches Gefühl), Jnana (Erkenntnis) und Yoga (geistige Verbindung). Mantram-Yoga kann zweifacher Art sein, je nachdem ob er auf dem Pfad des Kriya oder des Bhava geübt wird. Es gibt sieben Yoga-Schulungen: Sat-Karma (Reinigung des Körpers), Asana (Stellungen für Yogaübungen), Mudra (Handhaltungen), Pratyahara (Befreiung der Sinne vom Gegenständlichen), Pranayama (Atembeherrschung), Dhyana (Meditation) und Samadhi (Ekstase). Bei der letzteren unterscheidet man die unvollkommene *(savikalpa)* Form, in der der Dualismus noch nicht überwunden ist, und die vollkommene Form *(nirvikalpa)*, die Erfahrung der Einheit gewährt, Erfahrung des »Ich bin Brahman« *(aham brahmasmi)*. Diese Erfahrung ist Befreiung *(moksha)*, nicht nur ein Weg zu ihr. Samadhi des Laya-Yoga ist Savikalpa, Samadhi des vollkommenen Raja-Yoga Nirvikalpa.

Die ersten vier Schulungen sind physischer, die letzten drei seelischer und geistiger Art. Auf diesen sieben Wegen werden entsprechende Eigenschaften erlangt. Reinheit *(sadhana)*, Festigkeit und Kraft *(dridhata)*, Mut *(sthirata)*, Standhaftigkeit *(dhairya)*, Leichtigkeit *(laghava)*, Selbstverwirklichung *(pratyaksha)* und Bindungslosigkeit, die zur Befreiung führt *(nirliptatva)*.

Der sogenannte achtgliedrige Yoga *(ashtanga-yoga)* umfaßt fünf der oben genannten Sadhanas *(asana, pranayama, pratyahara, dyana* und *samadhi)*, und drei weitere: Yama (Selbstbeherrschung durch Keuschheit, Mäßigkeit und Nicht-Schaden-Zufügen), Niyama (Befolgung religiöser Riten und Barmherzigkeit aus Hingabe an den Herrn) und Dharana (Fixieren der inneren Wahrnehmung auf ein von der Yogalehre bestimmtes Objekt).

Der Mensch ist ein Mikrokosmos *(kshudra brahmanda)*. Was immer im äußeren Weltall existiert, besteht auch in ihm. Alle Elemente *(tattwas)* und alle Welten liegen in ihm ebenso wie die höchsten Götter Shiva und Shakti. Teilt man den Körper in zwei Hauptteile, in Kopf und Rumpf einerseits, und die Beine andererseits, so liegt das Zentrum des Menschen zwischen beiden Teilen am Ende der Wirbelsäule, wo die Beine beginnen. Das Rückgrat trägt den Rumpf und ist damit die Achse des ganzen Körpers. Beine und Füße sind grobstofflich und tragen weniger Zeichen des Bewußtseins als der Rumpf mit seiner weißen und grauen Rückenmarksubstanz, der seinerseits dem Kopf untergeordnet ist, dem Sitz des Bewußtseins, des physischen Gehirns mit seiner weißen und grauen Gehirnmasse.

Körper und Beine unterhalb des Zentrums bilden die sieben niederen Welten, die von Shakti, der erhaltenden Kraft des Weltalls, beschirmt werden. Vom Zentrum aufwärts kann sich das Bewußtsein in den Zentren der Wirbelsäule und des Gehirns freier manifestieren. Hier liegen die sieben höheren Welten, die

Lokas. Diese Bezeichnung betrifft das »Gesehene« *(lokyante)*, das Erfahrene, das Ergebnis des Karmas, das in den einzelnen Wiedergeburten gesammelt wurde. Die sieben Welten *(bhuh, bhuvah, svah, tapa, jana, maha* und *satya lokas)* entsprechen den sieben Zentren, von denen fünf im Rumpf, das sechste am unteren Ende der Geschlechtsregion, das siebente im obersten Teil des Gehirns *(satyaloka)* liegt, der Behausung des Höchsten, Shiva-Shakti.

Behausung des Höchsten bedeutet nicht, daß die Gottheit ihren Sitz an einem bestimmten Ort hätte und nirgends sonst. Das Höchste läßt sich niemals lokalisieren, wohl aber seine Manifestationen. Es ist überall, im Körper und außerhalb des Körpers. Im Sahasrara, dem obersten Chakra, aber wird die höchste Einheit erfahren; Shiva-Shakti, der Geist in seinen verschiedenen Offenbarungen als Buddhi, Ahamkara, Manas und mit ihm verbunden die Sinneswahrnehmungen *(indriyas)*, deren Zentrum über dem Ajna-Chakra (zwischen den Augenbrauen) und unter dem Sahasrara Chakra (am Scheitelpunkt des Kopfes) liegt. Von Ahamkara, dem geistigen Ichbewußtsein, gehen die Tanmatras (Urelemente) aus, die Zusammenfassung aller sinnlichen Objekte, aus denen sich die fünf Formen der sichtbaren Materie *(buta)* entwickeln: Akasa (Äther), Vayu (Luft), Agni (Feuer), Apah (Wasser) und Prithvi (Erde). Diese Bhutas entsprechen nicht ganz unserem Begriff der Elemente, sondern bezeichnen die verschiedenen Grade der Materie vom Äther bis zum festen Stoff. So ist Prithvi (Erde) jeder Stoff im Prithvi-Zustand, das heißt in einem Zustand, der mit der Sinneswahrnehmung des Geruchs empfunden werden kann. Geist und Materie durchdringen den ganzen Körper. Aber es gibt Zentren, in denen das eine oder das andere vorherrschend ist. So ist das Ajna Chakra (zwischen den Augenbrauen) Zentrum des Geistbewußtseins, und die fünf niederen Chakras sind Zentren der fünf Shutas.

In der Mitte der Wirbelsäule liegt Shushumna Nadi, ein subtiler Kanal, durch den der psychische Nervenstrom vom Muladhara Chakra zum Sahasrara Chakra aufsteigt. Seine unterste Stelle heißt Brahma-Dvara, das Tor Brahmas. Die Nadis auf beiden Seiten der Sushumna Nadi, Ida und Pingala, sind die astralen Nervenbahnen, die die Wirbelsäule von einer Seite zur anderen kreuzen und im Ajna Chakra mit Sushumna einen dreifachen Knoten, Triveni, bilden. Zusammen mit dem zwei-blättrigen Ajna und der Sushumna sind diese beiden Nadis Abbild des Merkurstabes, der verschiedentlich als ihr Symbol angesehen wird.

Fragen wir nun, wie der Aufstieg der Kundalini Shakti und ihre Vereinigung mit Shiva den Zustand ekstatischer Einswer-dung *(samadhi)* und geistiger Erfahrung bewirkt, so müssen wir zunächst zwei Hauptarten des Yoga, den Dhyana- oder Bhavana-Yoga und den Kundalini-Yoga voneinander unter-scheiden. Im Dhyana-Yoga wird Ekstase *(samadhi)* durch einen bewußten Vorgang erreicht *(kriya-jnana-yoga)*, wie ihn die Me-ditation unter anderem darstellt. Hilfsmittel können hierbei Mantram- oder Hatha-Yoga sein (soweit das Erwecken der Kundalini nicht einbezogen ist) und Weltentsagung. Kundalini-Yoga dagegen ist jener Teil des Hatha-Yoga, in dem − ohne Vernachlässigung der erkenntnismäßigen Vorgänge − die den Körper schaffende und erhaltende Shakti tatsächlich und wahr-haftig mit dem Gott-Bewußtsein vereint wird. Der Yogi führt sie zu ihrem göttlichen Herrn und erfährt durch sie die Glückse-ligkeit der Vereinigung. Wenn der Yogi auch der Erweckende ist, so ist es doch Shakti, die ihm Erkenntnis gibt, denn sie ist selbst Weisheit *(jnana)*. Der Dhyana-Yogi empfängt nur das Maß an Erkenntnis des höchsten Zustandes, das seine eigenen Meditationskräfte ihm vermitteln können. Er kennt aber nicht die Freude der Vereinigung mit Shiva in und durch die Grund-lage der Körperkraft.

Beide Yogaformen unterscheiden sich durch Methode und Ergebnis. Dem Hatha-Yogi bedeuten sein Yoga und dessen Ergebnisse das Höchste. Der Jnana-Yogi mag ähnliches von seiner Yogamethode denken. Kundalini-Yoga ist zwar so angesehen, daß viele diesen Yogaweg erstreben. Nach seinem Studium aber mag es zweifelhaft erscheinen, ob man nicht auch ohne ihn sein Ziel erreichen kann. Die Frage ist, was man überhaupt anstrebt. Gilt es Kundalini Shakti zu erwecken, um die Seligkeit der Vereinigung von Shiva und Shakti durch sie zu genießen und die damit verbundenen Kräfte *(siddhis)* zu empfangen, so kann dies sicherlich nur durch Kundalini-Yoga erreicht werden. Dieser Weg ist nicht ohne Gefahr. Wird aber Befreiung ohne Sehnsucht nach Vereinigung durch Kundalini erstrebt, ist Kundalini-Yoga nicht notwendig. Denn Befreiung kann auch im reinen Jnana-Yoga durch Bindungslosigkeit und durch Übungen zur Beruhigung des Bewußtseins erreicht werden, ohne daß die zentrale Wesenskraft überhaupt geweckt wird. Der eine ist der Weg der Freude, der andere der Weg der Entsagung.

Auch auf dem Weg der Hingabe *(bhakti)* ist Samadhi zu erlangen. Die höchste Hingabe *(para bhakti)* aber ist eins mit Erkenntnis, denn beide sind Selbstverwirklichung. Obwohl Befreiung *(mukti)* auf beiderlei Arten möglich ist, bleiben in anderen Punkten Gegensätze bestehen. Ein Dhyana-Yogi sollte den Körper nicht vernachlässigen, denn, selbst Körper und Geist, weiß er, daß beide aufeinander einwirken. Vernachlässigung oder Abtötung des Körpers ist eher dazu angetan, ungeordnete Phantasie als wahre geistige Erfahrung zu erreichen. Trotzdem ist es möglich, daß ein erfolgreicher Dhyana-Yogi körperlich schwach, krank und von kurzer Lebensdauer ist. Sein Körper, nicht er selbst, bestimmt, wann er sterben muß. Der Tod folgt nicht seinem Willen. Selbst im Samadhi des Dhyana-Yogi schläft Kundalini Shakti noch im Muladhara Chakra, und weder ihre physischen Begleiterscheinungen noch ihre physische Glückseligkeit oder geistigen Kräfte *(siddhis)* werden empfunden. Der ekstatische Zustand des »Im-Leben-Befreiten« *(jivanmukti)* gleicht nicht dem Zustand des wirklich Befreiten. Jener kann noch einem leidenden Körper unterworfen sein, von dem er erst im Tod sich trennt, dem Zeitpunkt, zu dem er, wenn überhaupt, Befreiung erreicht. Die Ekstase des Jivanmukti gehört einer Art der Meditation an, die zur Leere *(bhavanasamadhi)* führt, zur Negation aller Gedankenformen *(chitta-vritti)* und zur Entbindung von der Welt, ein gleichsam negativer Vorgang, mit dem der positive Akt, das Erwecken der zentralen Körperkraft, nichts gemein hat.

Wenn die höchste Wirklichkeit das Eine ist, das in den zwei Aspekten: passive Freude des Selbst in der Befreiung von aller Form und aktive Freude an allen Gegenständen, also als reiner Geist und Geist im Stoff existiert, dann verlangt eine vollkommene Vereinigung mit der Wirklichkeit diese Einheit unter ihren beiderlei Aspekten. Sie muß hier *(iha)* und dort *(amutra)* erfahren werden. Richtig verstanden und angewendet, liegt Wahrheit in der Lehre, daß man das Beste aus beiden Welten machen sollte. Glück in dieser Welt und Seligkeit der Befreiung von dieser Welt und den folgenden kann erlangt werden, wenn man die Identität mit Shiva als höchste Seligkeit wie als manifestierte Erscheinung in jeder menschlichen Handlung dadurch erfährt, daß man sie ohne Ausnahme zu einem religiösen Akt des Opfers und der Verehrung *(yajna)* macht. Nach dem alten Ritual des Vaidik wurde der Genuß von Nahrung und Trank durch zeremonielles Opfer eingeleitet und begleitet, so daß der Genuß als Folge des Opfers und als Geschenk der Devas angesehen wurde. Der höher entwickelte Yoga-Schüler opfert dem Einen, von dem alle Gaben kommen, und der Herr ist aller Devatas. Aber auch dieses Opfer umschließt noch einen Dualismus, von dem nur der höchste geistige Weg der Einheit *(advaita)* frei ist.

Für diesen Weg sind individuelles und weltliches Leben eins. Wenn der Schüler ißt, trinkt oder irgendeine andere, natürliche Körperfunktion ausführt, so spricht und fühlt er »Shivoham«. Nicht das einmalige Individuum handelt und erfreut sich, sondern Shiva handelt und freut sich durch dieses. Der Schüler hat erkannt, daß sein Leben und all seine Handlungen nichts Abgesondertes sind, dem man egoistisch um seiner selbst willen nachjagt, als ob Freude etwas sei, das das Leben allein und aus sich heraus gesondert von allem anderen zu geben vermöchte. Alles

Leben, alle menschlichen Handlungen haben vielmehr Teil am göttlichen Schaffen in der Natur *(shakti)*, sind deren Offenbarung in menschlicher Gestalt und in menschlicher Handlung. Im Schlag des menschlichen Herzens tönt der Rhythmus, die Melodie des universellen Lebens. Die Notwendigkeiten des Körpers zu vernachlässigen oder zu leugnen, sie als etwas Unheiliges zu betrachten, heißt das größere Leben, dessen Teil der Körper ist, vernachlässigen und leugnen, heißt, die große Lehre der All-Einheit und die letztliche Identität von Geist und Materie leugnen. Selbst die niedersten physischen Bedürfnisse haben kosmische Bedeutung. Der Körper ist Shakti. Seine Nöte sind die Nöte Shaktis. Freut sich der Mensch, freut sich Shakti durch ihn. In allem, was er sieht und tut, ist es die All-Mutter, die sieht und handelt. Seine Augen und Hände sind die ihren, sein Körper und all seine Funktionen sind ihre Offenbarung. Um die ganze Fülle der Shakti zu erfassen, muß man die Vollkommenheit ihrer Offenbarung, die Vollkommenheit des Menschen, erstreben. Will der Mensch Herr seiner selbst werden, muß er dies auf allen Stufen zu erreichen suchen, auf der physischen, der mentalen und der geistigen, die, alle miteinander verbunden, nur verschiedene Aspekte des einen, alles durchdringenden Bewußtseins sind.

Wer, könnte man fragen, ist dem Göttlichen näher? Derjenige, der Körper oder Seele vernachlässigt und züchtigt, um hierdurch eine eingebildete geistige Überlegenheit zu erlangen, oder derjenige, der im rechten Maß beide als Ausdruck des einen Geistes sieht, den sie bekleiden. Selbstverwirklichung ist schneller und wahrhaftiger zu erreichen, wenn man den Geist in allen Wesen und Handlungen und durch sie erkennt, als wenn man vor ihnen flieht, sie als ungeistig oder trügerisch verwirft und als Hindernis auf dem Pfad empfindet. Nur mißverstanden mögen sie Hindernisse und Ursache des Sturzes sein. Tatsächlich sind sie Werkzeug der Erfüllung. Haben wir überhaupt andere zur Hand? Taten, im rechten Gefühl und rechter Einstellung *(bhava)* ausgeführt, schaffen Freude und führen letzten Endes zur Erfahrung des Göttlichen *(tattvajnana)*, die Befreiung bedeutet. Sieht man die All-Mutter in allen Dingen, wird sie schließlich auch als das gesehen, was sie wirklich ist: als jenseits aller Dinge.

Diese allgemeinen Grundsätze finden vor allem Anwendung im weltlichen Leben vor dem Betreten des Yogapfades. Aber auch der im Nachstehenden beschriebene Yoga beruht auf ihrer Anwendung, soweit durch sie Freude und Befreiung *(bhukti* und *mukti)* erreicht werden.

Die niederen Übungen des Hatha-Yoga suchen einen vollkommenen physischen Körper herzustellen. Auch dieser kann ein geeignetes Instrument sein, um das Wirken des Geistes zu ermöglichen. Ein geschulter Geist aber vermag im Samadhi die reine Erkenntnis zu empfangen. Der Hatha-Yogi sucht seinen Körper stahlhart, gesund, frei von Leiden zu machen und ihm dadurch langes Leben zu verleihen. Ist er Meister des Körpers, wird er auch Leben und Tod beherrschen. Seine strahlende Gestalt erfreut sich jugendlicher Kraft. Er lebt, solange er will, solange er sich an der Welt der Formen freut. Sein Tod ist der Tod des freien Willens *(iccha-mrityu)*, denn er wird mit dem wunderbaren, großen, eindrucksvollen Entschluß zur Auflösung *(samhara-mudra)* hinübergehen. Aber auch Hatha-Yogi können erkranken und sterben. Denn die vollkommene Beherrschung der Übungen ist voller Schwierigkeiten und Gefahren und kann nur unter der Anleitung eines erfahrenen Gurus erreicht werden. Ohne solche Hilfe können die Übungen nicht nur zu Krankheit, sondern auch zum Tod führen. Wer den Herrn des Todes zu besiegen sucht, läuft Gefahr, daß er bei einem Fehlschlagen von diesem um so schneller überwältigt wird.

Natürlich erreichen nicht alle, die Hatha-Yoga üben, den gleichen Erfolg. Wer versagt, erlebt nicht nur die Gebrechlichkeiten des normalen Menschen, sondern zusätzlich andere als Folge schlecht ausgeführter oder ungeeigneter Übungen. Aber auch die Erfolgreichen erlangen nicht alle das gleiche Ziel. Einige werden ihr Leben auf das biblische Alter von achtzig, andere auf hundert Jahre, andere auf ein noch höheres Alter verlängern. Theoretisch kann, wer Selbstverwirklichung erreicht hat *(siddha)*, von dieser Erde nach eigenem Willen scheiden. Aber nicht alle besitzen die gleichen Fähigkeiten oder Möglichkeiten. Manchen mangelt es an Willenskraft, körperlicher Stärke oder an geeigneten Umständen. Sie werden den strengen Regeln, die für den Erfolg notwendig sind, nicht folgen wollen oder können, zumal das heutige Leben im allgemeinen nicht die Bedingungen für eine so vollkommene Körperpflege bietet. Nicht alle werden sich ein solches Leben wünschen oder es der erforderlichen Mühen für wert halten. Mancher mag sich vielmehr seines Körpers so schnell als möglich zu entledigen suchen. Darum heißt es, daß es leichter sei, Befreiung zu erlangen als Nicht-Sterben. Befreiung ist das Ergebnis von Selbstlosigkeit, Bindungslosigkeit, seelischer und geistiger Disziplin. Den Tod besiegen verlangt mehr und ist härtere Arbeit. Wer es vermag, hält in der einen Hand das Leben, in der anderen, wenn er ein erfolgreicher Yogi ist, die Befreiung. Er empfängt Freude und Befreiung. Er ist Herr und König der Welt und besitzt gleichzeitig die Glückseligkeit, die jenseits aller Welten ist. Darum halten die Hatha-Yogi jede andere geistige Schulung *(sadhana)* dem Hatha-Yoga unterlegen.

Der Hatha-Yogi, der an seiner Befreiung arbeitet, benutzt Laya-Yoga oder Kundalini-Yoga-Übungen, die beide Freude und Befreiung bringen. Shakti, die Lebensenergie, offenbart sich in zwei polaren Formen, als statische, potentielle *(kundalini)* und als dynamische Energie (Wirkkräfte des Körpers, *prana*). Hinter aller Aktivität liegt ein statischer Hintergrund. Das statische Zentrum des menschlichen Körpers ist die zentrale Schlangenkraft im Muladhara (Wurzel, Stützpunkt) – Chakra, die Basis *(adhara)* des ganzen Körpers und all seiner bewegenden Prana-Kräfte. Dieses Zentrum *(kendra)* der Kraft ist eine grobstoffige Form des Bewußtseins *(chit)*. Es ist in sich selbst Bewußtsein *(svarupa)*, in der Erscheinung eine Kraft, die zugleich höchste Energieform und Ausdruck dieses Bewußtseins ist. Wie ein Unterschied besteht zwischen dem höchsten ruhenden Bewußtsein und dessen aktiver Kraft *(shakti)* (obwohl beide die gleiche Wurzel haben), so besitzt das Bewußtsein, wenn es sich als Energie *(shakti)* ausdrückt, den doppelten Aspekt ruhender und bewegender Kraft und ist in Wirklichkeit unteilbar. Das vollkommene Auge des Siddhi erblickt den Vorgang des Werdens als Nebensächlichkeit *(adyasa)*. Dem unvollkommenen Auge des Schülers, der die übernatürlichen Kräfte noch nicht erlangte, und der sich noch identifiziert mit den niederen Ebenen, in denen er lebt, erscheint das Werden als Wirklichkeit.

Kundalini-Yoga ist eine Wiedergabe der Vedanta-Lehre von diesem praktischen Gesichtspunkt aus. Sie sieht das Weltgeschehen als Polarisation im Bewußtsein selbst. Diese Polarität besteht allein im körperlichen Bewußtsein, das durch Yoga zerstört wird. Der menschliche Körper, der latente Pol der Energie, der höchsten Wesenskraft, wird zur Tätigkeit angestachelt und zieht die dynamischen Kräfte *(shakti)* an. Die auf diese Weise entstandene Energie drängt aufwärts zur Vereinigung mit dem ruhenden Bewußtsein im höchsten Lotus.

Die Polarität der Shakti ist Statik und Dynamik zugleich. Dem Bewußtsein oder der Erfahrung ist diese Polarität zwischen der latenten reinen Kraft *(chit)* und der dynamischen Energie Anlaß zu denkerischer Tätigkeit. Diese dynamische Energie, die Shakti-Kraft, entwickelt das Bewußtsein durch eine Unendlichkeit von Formen und Wandlungen zum reinen, ungebundenen ätherischen Bewußtsein *(chidakasa)*.

Verlassen wir den Akt des Denkens und wenden wir uns der Materie zu. Man stellt sich heute das Atom als eine Art Miniatur-Welt vor, das mit unserem Sonnen- oder Planetensystem gewisse Ähnlichkeiten hat. In seinem Zentrum befindet sich ein realer oder gedachter Kern, um den die negativen, neutralen und positiven Teile kreisen. Das Zentrum hält alles andere in Zaum, so daß sich das Atom in einem Zustand ausgeglichener Energie befindet und für gewöhnlich nichts auseinanderbricht. Die

Möglichkeit hierzu aber besteht durch die Zersetzung, die charakteristische Eigenschaft aller Materie, die besonders eindrucksvoll durch die Radioaktivität des Radiums in Erscheinung tritt. Was für das Atom zutrifft, läßt sich auch auf das ganze kosmische System des Weltalls anwenden, in dem die Planeten um die Sonne kreisen. Wahrscheinlich bewegt sich dieses System selbst (als Ganzes gesehen) um ein anderes, relativ statisches Zentrum. Zuletzt ist es Brahma-Bindu, der Punkt der absoluten Ruhe, um den alle Formen kreisen und der alles im Gleichgewicht hält. In ähnlicher Weise teilt sich in den Geweben des menschlichen Körpers die wirkende Energie in zwei polare Energieformen – in die anabolische und katabolische, in die nach Veränderung drängende und in die bewahrende. Der tatsächliche Zustand der Gewebe ist die Resultante dieser beiden nebeneinander bestehenden und miteinander wettstreitenden Kräfte.

Kurz gesagt, teilt sich Shakti, wenn sie in Erscheinung tritt, in zwei polare Aspekte, in Statik und Dynamik. Dies besagt, daß die Kraft nicht in dynamischer Form besteht, ohne auch gleichzeitig eine statische Form zu besitzen, ähnlich den Polen eines Magneten. In jedem Bereich, in dem eine Kraft sich auswirkt, muß, dem kosmischen Prinzip eines statischen Hintergrundes entsprechend, Shakti im Zustand der Ruhe oder latent vorhanden sein. Diese wissenschaftliche Tatsache wird in der Gestalt Kalis, der Göttlichen Mutter, dargestellt, die sich als dynamische Shakti an der Brust Sadasivas bewegt, dem statischen Hintergrund des reinen aktionslosen Chit. Alle Aktivität liegt in der Mutter Gunamayi (voller Attribute).

Die kosmische Shakti ist das Kollektiv *(samsati)*, während Kundalini in Einzelkörpern die individuelle Shakti darstellt. Da der Körper ein Mikrokosmos *(kshudrabrahmanda)* ist, muß in ihm die gleiche Polarisation vorhanden sein, von der wir sprachen. Das Weltall entstammt Mahakundali, die sich in ihrer höchsten Form im Zustand der Ruhe befindet, um Sivabindu gerollt und eins mit ihm (als *chidrupini)*. Will sie sich offenbaren, so rollt sie sich auf. Dabei schafft sie zunächst das geistige Bewußtsein, dann die Materie, die immer dichter und dichter wird. Man hat die Mahabhutas mit den Dichtigkeiten im Sinn der modernen Wissenschaft verglichen. Luft-Dichtigkeit verbunden mit der größten Geschwindigkeit der Schwere; Feuer-Dichtigkeit verbunden mit der Geschwindigkeit des Lichtes; Wasser oder Flüssigkeit-Dichtigkeit verbunden mit der Geschwindigkeit der Moleküle und des Äquators in der Erdrotation; Erd-Dichtigkeit (diejenige des Basalt) verbunden mit der Geschwindigkeit des Tones. Wie dem auch sei, sicher ist, daß die Bhutas (Elemente) eine zunehmende Dichtigkeit der Materie darstellen, bis diese ihre dreidimensionale feste Form erlangt. Wenn Shakti diese letzte Form, Prithvi Tattva, geschaffen hat, bleibt ihr nichts mehr zu tun. So kehrt sie wieder zur Ruhe zurück. Das bedeutet, daß sie eine statische Form annimmt. Shakti ist niemals erschöpft, in irgendeiner ihrer Formen verausgabt. Darum ist Kundalini Shakti die Fülle der Shakti, die noch verbleibt, nachdem sie Prithivi, das letzte der Elemente geschaffen hat. Mahakundali ruht nun als Chidrupini Shakti im Sahasrara Chakra, dem Punkt absoluter Ruhe, und um dieses Zentrum kreist das Gesamt der körperlichen Kräfte.

In einer Hinsicht besteht die statische Shakti im Muladhara notwendigerweise neben der schöpferischen und sich entfaltenden Shakti des Körpers, da der dynamische Aspekt oder Pol niemals ohne seinen statischen Gegenpart bestehen kann.

Was geschieht nun im Kundalini-Yoga? Die statische Shakti ist durch Pranayama (Atemschulung) und andere Yoga-Übungen angeregt und wird zur dynamischen Kraft. Ist vollkommene Dynamik erlangt, das heißt, verbindet sich Kundalini mit Shiva im Sahasrara, so endet die Polarität. Beide Pole vereinen sich, und Samadhi ist erreicht. Natürlich stellt der Ausgleich der Polarität eine Erfahrung des Bewußtseins dar. Denn tatsächlich ist der Körper Dritten weiter sichtbar. Für den Yogi aber ist das Bewußtsein des Körperlichen und Gegenständlichen aufgehoben, da der Geist, soweit es sein menschliches Bewußtsein

31

betrifft, seine Wirksamkeit eingestellt und sich in den Urgrund, in das reine Bewußtsein, zurückgezogen hat.

Fragen wir nach der Erhaltung des Körpers, so stellen wir fest, daß jedes Körperteil und jede seiner Organzellen ihr eigenes statisches Zentrum besitzt und daß dieses Zentrum jeden Teil, jede Zelle erhält, während Kundalini Shakti das statische Zentrum des ganzen Körpers als eines vollkommenen, bewußten Organismus ist. Des weiteren lehrt Yoga, daß Kundalini aufsteigt und den ganzen Körper als organische Einheit durch den »Nektar« erhält, der aus der Verbindung von Shiva und Shakti zum Sahasrara Chakra fließt. Dieser Nektar ist die aus der Vereinigung entstehende schöpferische Kraft. Die latente Kundalini Shakti wird nur zum Teil in dynamische Shakti umgewandelt. Da aber Shakti, selbst im Muladhara, eine unendliche Kraft ist, bleibt ihre Potenz unverändert. Das dynamische Äquivalent ist deshalb eine teilweise Umwertung einer Energieart in eine andere. Würde die im Muladhara zusammengerollte Kraft sich jedoch vollkommen aufrollen, dann würden sich auch die drei Körper, der stoffliche, der astrale und der kausale, vollkommen auflösen, und es entstünde Videha-Mukti, die körperlose Befreiung. Denn der statische Hintergrund, der in Beziehung zu einer besonderen Daseinsform steht, würde nach dieser Hypothese völlig fortfallen. Der Körper wird kalt wie ein Leichnam, wenn Shakti ihn verläßt. Dies ist nicht die Folge einer Auflösung oder Entfernung der statischen Kraft im Muladhara, sondern Ergebnis der Konzentration oder der Vereinigung der im allgemeinen über den ganzen Körper verstreuten dynamischen Kraft. Auf diese Weise ist das fünffach zerstreute und wieder gesammelte Prana, das aus den Geweben des Körpers zurückgezogen und durch Yoga in der Wirbelsäule konzentriert ist, die dynamische Gegenkraft gegen den statischen Hintergrund der Kundalini Shakti. Ein Teil des schon verwendbaren dynamischen Pranas wird am unteren Ende der Wirbelsäule in geeigneter Weise eingesetzt, so daß das unterste Zentrum, Muladhara, sozusagen übersättigt wird und zurückwirkt auf die zerstreute dynamische Kraft *(prana)* des Körpers. Nicht die ganze in der Wirbelsäule gesammelte Kraft *(shakti)* steigt nach oben; nur ein Blitz von ihr erreicht Barama-Sivasthana. Hier geht das individuelle Bewußtsein im höchsten Bewußtsein auf und nimmt über die vergänglichen Begriffe des weltlichen Lebens hinaus in unmittelbarer Intuition die unwandelbare Wirklichkeit in sich auf, die dem Fluß der Erscheinungen zugrunde liegt. Schläft Kundalini Shakti im Muladhara, ist der Mensch der Welt gegenüber offen. Ist die Shakti zur Vereinigung erwacht und hat sie sich mit dem höchsten statischen Bewußtsein verbunden, das Shiva heißt, dann verfällt das Bewußtsein der Welt gegenüber in Schlaf und vereint sich mit dem Licht aller Dinge.

Wesentlich ist, daß Kundalini Shakti geweckt wird und daß sie selbst oder ein Strahl von ihr aufhört, statische Kraft zu sein, die nur das Weltbewußtsein erhält. Einmal in Bewegung, muß sie zu jenem anderen statischen Zentrum im Tausendblättrigen Lotus *(sahasrara)* hinaufgeführt werden, das selbst in Verbindung steht mit dem Shiva-Bewußtsein, dem Bewußtsein der Ekstase jenseits der Welt der Formen.

Heil der Mutter Kundalini, die durch ihre unendliche Gnade und Kraft den Schüler gütig von Chakra zu Chakra führt und seinen Verstand erleuchtet, damit er seine Identität mit dem Höchsten Brahman erfährt! Möge ihr Segen auf uns allen liegen!

EINFÜHRUNG IN KUNDALINI-YOGA

*Patanjali vyasamukhan gururanyamsea bhaktitah Natosmi vangma-
nah kayairanjnanadhvanta bhaskaran.*

*Wir entbieten unseren Gehorsam in Wort, Gedanke und Körper
Patanjali, Vyasa und allen anderen Rishis und Yogi-Meistern, die
sonnengleich die Dunkelheit der Unwissenheit (ajnana) aufzuhellen
vermögen.*

Voraussetzung

In Unkenntnis seiner wahren göttlichen Natur sucht der
Mensch vergeblich Glück in den vergänglichen Gegenständen
dieser trugvollen Sinnenwelt. In dieser Welt ist jeder Mensch
voller Unruhe, Unzufriedenheit und Unbefriedigtheit. Er fühlt,
daß ihm etwas fehlt, aber er weiß nicht, was es in Wirklichkeit
ist. Er sehnt sich nach Ruhe und Frieden und empfindet, daß er
selbst bei Erfüllung seiner ehrgeizigen Ziele ihrer bedarf. Weltliche Macht wird ihm zu Trug und Fallstrick, sobald er sie in
Händen hält. Zweifellos bringt sie ihm kein Glück. Er kann
akademische Würden, Diplome, Titel, Ehren, Einfluß, Namen

und Ruhm erlangen; er kann Kinder haben und alles, was ihm zum Glück notwendig erscheint. Und doch findet er weder Frieden noch Ruhe.

Schämt ihr euch nicht, den gleichen Vorgang des Essens, Schlafens, Sprechens immer von neuem zu wiederholen? Seid ihr nicht übersättigt von den Trugbildern der Maya? Habt ihr auch nur einen wirklichen Freund in dieser Welt? Gibt es überhaupt einen Unterschied zwischen einem Tier und der sogenannten Menschenwürde eines vom Verstand aufgeblähten Menschen, sofern dieser nicht täglich in der geistigen Übung *(sadhana)* zur Selbstverwirklichung voranschreitet? Wie lange noch will der Mensch Sklave bleiben seines Körpers und seiner Sinne *(indriyas)*, Knecht der Frauen und Leidenschaften? Pfui über diese elenden Kreaturen, die in Schmutz verkommen und ihrer wahren Atman-Natur, ihrer verborgenen Kräfte nicht bewußt sind!

Die sogenannten gebildeten Menschen haben das Sinnesleben nur verfeinert. Sinnliche Freude aber ist überhaupt keine Freude, denn die Sinne täuschen dich in jedem Augenblick. Freude, die mit Leid, Kummer, Angst, Sünde und Krankheit gemischt ist, ist keine wirkliche Freude. Glück, das von vergänglichen Gegenständen abhängt, ist kein Glück. Stirbt deine Frau, weinst du. Verlierst du Geld oder Besitz, übermannen dich Sorgen. Wie lange willst du in solch elendem, erniedrigtem Zustand verharren? Wer sein kostbares Leben mit Essen, Schlafen und Schwätzen ohne geistige Schulung vergeudet, ist nicht viel mehr als ein Tier.

Unwissenheit *(avidya)*, Täuschung *(maya)*, Verblendung der Liebe *(moha)* und Anziehung *(raga)* lassen die wahre Natur des Seins *(swaroopa)*, das Ziel des Lebens vergessen. Ziellos wird der Mensch von den zwei Strömen der Anziehung *(raga)* und der Abstoßung *(dwesha)* hin und her gerissen. Er ist durch Egoismus, unbewußte Eindrücke *(vasanas)*, durch Begierden *(trishnas)* und Leidenschaften aller Art dem Kreislauf von Tod und Wiedergeburt *(samsara chakra)* verfallen.

Der Mensch sucht ewige *(nitya)*, unabhängige *(nirupadhika)* und unendliche *(niratisaya)* Glückseligkeit *(ananda)*, die er allein in der Selbstverwirklichung erreichen kann. Nur um dieses Zieles willen hat er seinen Körper angenommen. Schnell vergehen die Tage. Es heißt sie nicht vergeuden.

Aasya badhyate loke karmanya bahu chintaya
Ayuhkshinam najanati tasmat jagrata jagrata.

»In dieser Welt bist du durch Begierden, Handlungen und mancherlei Angst gebunden. Darum weißt du nicht, daß dein Leben sich langsam auflöst und vergeudet wird. Wache auf, wache endlich auf!«

Erwache, öffne die Augen! Beginne sorgfältig deine geistige Schulung und vergeude keinen Augenblick. Viele Yogi, Mystiker, Dattatreya, Patanjali, Christus, Buddha, Gorakhnath, Matsyendranath, Ram Das und andere sind den geistigen Weg gegangen und haben durch Sadhana Selbstverwirklichung erlangt. Folge stillschweigend ihren Lehren und Unterweisungen.

Mut, Kraft, Macht, Weisheit, Freude und Seligkeit sind das göttliche Erbteil des Menschen, sein Geburtsrecht. Durch geistige Übungen muß er es sich erwerben und sich selbst befreien. Gurus und Lehrer *(acharyas)* werden ihm den geistigen Weg weisen, Zweifel und Sorgen nehmen und ihm den Atem des Geistes eingeben.

Den Weg aber muß er selbst gehen, Schritt für Schritt. Ohne nachzulassen muß er die geistigen Übungen ausführen, um sich von Tod und Geburt zu befreien und sich der höchsten Seligkeit zu erfreuen.

Ziel des Yoga

Das Wort Yoga kommt von der Sanskritwurzel »Juj« und heißt verbinden. Im übertragenen Sinn bedeutet Yoga den Vorgang, durch den der Yogi die Identität von irdischem Ich *(jivatma)* und höchstem Selbst *(paramatma)* erreicht und die menschliche Seele in bewußte Verbindung mit Gott tritt. »Yoga hemmt die Funktion des Denkens, damit der Geist in seiner wahren Natur ruhen kann. Dies geschieht durch geistige Übung *(abhyasa)* und Entsagung *(vairagya)*« (Yoga Sutras).

Yoga lehrt die Methode, den menschlichen Geist mit Gott zu verbinden. Yoga ist die göttliche Wissenschaft, die den Menschen aus der Erscheinungswelt der Sinneswahrnehmungen löst und ihn mit der unendlichen Glückseligkeit *(ananta ananda)* und mit dem höchsten Frieden *(parama santi)* verbindet, mit der Freude und der Macht der Akhanda-Eigenschaften, die Kennzeichen des Absoluten sind. Yoga gewährt höchste Seligkeit *(mukti)* in dem überbewußten Zustand des Samadhi, in dem alle Eindrücke *(sankalpas)* und Auswirkung früherer Gedanken aufgehoben sind. Ein solcher überbewußter Zustand *(samadhi)*, in dem der Yogi von dem Rad des Todes und der Wiedergeburt befreit und all sein Karma verbrannt ist, kann aber ohne Erweckung der Kundalini nicht erreicht werden.

Kundalini-Yoga

Im Kundalini-Yoga wird die schöpferische und erhaltende Shakti des ganzen Körpers, die absolute Kraft der kosmischen Energie, wirklich und wahrhaftig mit dem Gott Shiva vereint. Das Erwachen der Kundalini Shakti und die Verbindung mit dem Gott Shiva ruft Samadhi (die Einung in der Ekstase) und geistige Erfahrung *(anubava)* hervor. Sie gewährt Weisheit *(jnana)*, denn sie selbst ist »Das«. Kundalini bringt dem Yogi, der sie erweckt hat, Erkenntnis *(jnana)*.

Kundalini kann auf verschiedene Weise erweckt werden. Jede Methode hat ihren eigenen Namen: Raja-Yoga, Hatha-Yoga usw. Der Schüler des Kundalini-Yoga hält seine Methode für die beste, und den durch Kundalini-Yoga erreichten Samadhi für die vollkommenste Ekstase. Seiner Auffassung nach erreicht der Yoga der Meditationen *(dhyana yoga)* Ekstase durch Ablösung von der Welt und durch Konzentration, die den Strom der

Gedanken *(vrittis)* zum geistigen Bewußtsein hinführt, ungehindert von den Begrenzungen des Verstandes. Das Ausmaß dieser Entschleierung des höchsten Bewußtseins ist abhängig von der Kraft der Meditation *(dhyana shakti)* des Schülers und dem Grad seiner Ablösung von der Welt. Kundalini dagegen ist selbst kosmische Energie *(shakti)*, also auch Erkenntnis *(jnana shakti)*. Dem Yogi, der sie erweckt, verleiht sie Erkenntnis *(jnana)* und höchste Glückseligkeit *(mukti)*. Im Kundalini-Yoga ist Samadhi nicht nur eine Erfahrung der Meditation, sondern die Wesenskraft des Jiva löst in diesem Zustand sowohl die körperlichen wie die geistigen Erscheinungsformen auf. In beiden Fällen ist das körperliche Bewußtsein ausgeschaltet. Im Kundalini-Yoga aber ist nicht nur der Geist, sondern auch der Körper, soweit er durch die Wesenskraft erfaßt ist, tatsächlich mit Gott Shiva im Sahasrara-Chakra (am Scheitelpunkt des Kopfes) vereint. Diese Vereinigung *(samadhi)* erweckt eine irdische Seligkeit *(bhukti)*, die der Dhyana-Yogi nicht kennt. Der Kundalini-Yogi besitzt sowohl irdische Glückseligkeit wie auch Befreiung im umfassendsten und wörtlichsten Sinn. Daher räumt man diesem Yoga unter allen Yogaformen die erste Stelle ein.

Wird die schlafende Kundalini durch Yoga-Übungen *(kriyas)* geweckt, erzwingt sie sich ihren Aufstieg durch die verschiedenen Chakren *(shat chakra bheda)* und regt diese zu intensiver Tätigkeit an. Während ihres Aufstiegs öffnet sich Schicht für Schicht des Bewußtseins, und alle Hemmungen *(kleshas)* schwinden. Der Yogi empfängt Visionen, Kräfte, Glückseligkeit und Erkenntnis verschiedenster Art. Hat Kundalini das Sahasrara Chakra am Scheitelpunkt des Kopfes berührt, hat der Yogi das höchste Maß an Wissen, Glückseligkeit, Macht und Vollendung *(siddhi)* erlangt und die höchste Stufe auf der Leiter des Yoga erreicht. Er ist von Körper und Bewußtsein vollkommen gelöst und in jeder Beziehung frei geworden, ein vollkommener Yogi *(poorna yogi)*.

Bei stark geschwächter Vitalität des Körpers ist strenge geistige Schulung unmöglich. Darum ist die beste Zeit für geistige Übungen *(yoga abhyas)* die Jugend, die Zeit, in der der Schüler über die erste und wichtigste Eigenschaft, die Kraft der Lebensfülle, verfügt.

Ein guter Schüler wird sein, wer ruhig und beherrscht ist, wer den Lehren seines Gurus und der Schriften gehorcht, wer mäßig ist im Essen und Schlafen und erfüllt ist von intensiver Sehnsucht nach Befreiung vom Rad der Wiedergeburten.

Ahamkaram balam darpam kamam krodham parigraham
Vimuchya nirmanah santo brahmabhuyaya kalpate.

»Wer Selbstsucht, Heftigkeit, Hochmut, Begierde, Zorn und Geiz überwunden hat, wer selbstlos und friedvoll geworden ist, der ist geeignet, Unsterblichkeit zu erlangen.«

Ein Schüler, der sich sinnlichen Freuden hingibt, der hochmütig, stolz, unehrenhaft, unwahr oder listig ist, voller Ränke und Betrug, der Guru, Meister oder Älteren ohne Ehrfurcht begegnet, der Freude hat an eitlem Wortgefecht und weltlichen Handlungen, wird niemals in Yogaübungen Erfolg haben.

Leidenschaft *(kama)*, Ärger *(krodha)*, Gier *(lobha)*, sinnliche Anziehung *(moha)*, Stolz *(mada)* und sonstige Unreinheiten müssen zerstört werden, da sie Feinde der Reinheit und Vollkommenheit sind.

Schüler des geistigen Pfades *(sadhak)* sollten folgende Eigenschaften entwickeln: Redlichkeit, Gehorsam gegen den Guru, Opferbereitschaft für Kranke und Alte, Friedfertigkeit *(ahimsa)*, Keuschheit *(brahmacharya)*, spontane Großzügigkeit, Geduld *(titiksha)*, Ausgeglichenheit *(samata)*, Opferwilligkeit, Selbstlosigkeit, Duldsamkeit, Mäßigkeit im Essen *(mithahara)*, Demut, Ehrlichkeit und andere Tugenden. Fehlen diese Eigenschaften, so wird der Schüler keinen Segen empfangen, selbst wenn er das Erwecken der Kundalini durch noch so viele Yogaübungen zu erreichen sucht.

Der Schüler sollte sein Herz dem Guru öffnen und ehrlich und lauter sein. Er sollte Ich-Bejahung, Heftigkeit *(raja)*, Eitelkeit und Hochmut aufgeben und die Befehle seines Meisters mit Vertrauen *(sraddha)* und göttlicher Liebe *(prema)* ausführen. Ständige Selbstrechtfertigung ist eine gefährliche Gewohnheit des Schülers.

Durch zuviel Geschwätz, unnötige Sorgen und sinnlose Furcht wird Energie verbraucht. Unnützes Reden sollte vollkommen aufgegeben werden. Der wahre Schüler macht wenig Worte und spricht nur über geistige Dinge. Er sollte allein leben, denn Schweigen *(mowna)* ist sehr wichtig. Das Zusammensein mit einem Familienvater ist schädlicher als der Umgang mit einer Frau, denn das Bewußtsein ist leicht beeinflußbar.

Yoga-Diät

Der Schüler des geistigen Weges sollte vollkommene Selbstzucht üben, freundlich, liebenswürdig, sanft, edel und zuvorkommend in seinem Benehmen sein und sollte Ausdauer, eisernen Willen, äußerste Geduld und in seinen Übungen die Zähigkeit eines Blutegels besitzen. Er muß sich vollkommen in der Hand haben und seinem Guru gegenüber rein und hingebungsvoll sein.

Wer gefräßig ist, Sklave seiner Sinne und voller schlechter Angewohnheiten, ist für den geistigen Weg nicht geeignet.

Mithaharam vina yasthu yogarambham tu karayet
Nana rogo bhavettasya kinchit yogo na siddhyati.

»Wenn man nicht Maß hält im Essen, werden die Yogaübungen nicht Segen bringen, sondern Krankheiten hervorrufen.«

Das Essen spielt für die Yoga-Schulung eine wichtige Rolle. Der Schüler muß in der Auswahl reiner, Sattva-erfüllter Nahrung sehr sorgfältig sein, besonders zu Beginn seines Weges. Hat er Vollkommenheit erlangt, kann er weniger streng die Beschränkungen einhalten.

Reinheit der Nahrung führt zu Reinheit der Gedanken.

Sattva-erfüllte Nahrung hilft der Meditation. Deshalb ist Disziplin des Essens besonders wichtig für den Yoga-Weg. Wird die
Zunge beherrscht, lassen sich auch alle anderen Sinne leicht
beherrschen. Reinheit der Natur führt zu Reinheit der inneren
Natur, und diese stärkt das Gedächtnis. Ein gutes Gedächtnis
aber hilft alle Bindungen zu lösen und Befreiung *(moksha)* zu
erlangen.

Sattva-Nahrung

Als reine *(sattva)* Nahrung für den Schüler sind anzusehen:
Milch, roter Reis, Graupen, Weizen, Sahne, Käse, Butter; Lin-
sen, Mandeln, Kandiszucker, Gemüse, Bananen, Granatäpfel,
süße Orangen, Grapefruit, Mangofrüchte, Datteln, Honig, ge-
trockneter Ingwer, schwarzer Pfeffer.

Ein halbes »seer« (etwa 930 Gramm) Milch mit gekochtem
Reis, zerlassener Butter und Zucker gekocht, ist während des
Tages eine ausgezeichnete Nahrung für den Yogi. Am Abend
genügt ein halbes »seer« Milch.

Die Milch sollte nicht zu stark gekocht, sondern beim Aufko-
chen gleich vom Feuer genommen werden, da sonst die Nähr-
stoffe und Vitamine zerstört werden.

Auch eine Fruchtdiät hat wohltätigen Einfluß auf die Konstitution. Sie ist die natürlichste Form der Diät, da Früchte starke
Energieerzeuger sind. Frucht- und Milchdiät unterstützen die
Konzentration. Gerste, Weizen, Milch und zerlassene Butter
verstärken Lebensdauer und Körperkraft. Obstsaft und Wasser,
in dem Kandiszucker aufgelöst ist, sind gesunde Getränke.
Auch Butter, mit Kandiszucker gemischt, und Mandeln, in
Wasser eingeweicht, sind zu empfehlen, da sie den Organismus
kühlen.

Verbotene Nahrung

Saure, heiße, scharfe und bittere Zubereitungen, Salz, Mostrich, Haselwurz, spanischer Pfeffer, Tamarinde, saure Milch, Würze, Fleisch, Eier, Fisch, Knoblauch, Zwiebel, alkoholische Liköre, sauere oder abgestandene Nahrungsmittel, überreife oder unreife Früchte, kurz alles, was dem Organismus nicht bekommt, sollte vollständig vermieden werden.

Aufreizende *(raja*-haltige) Nahrung, auch Salz, zerstreut die Gedanken und erregt Leidenschaften. Vermeidet sie der Schüler, so lernt er, die Zunge und durch sie die Gedanken zu beherrschen, die Willenskraft zu stärken. Schlangenbisse und der Stachel der Skorpione werden ohne Einfluß sein, wenn man kein Salz zu sich nimmt. Zwiebel und Knoblauch sind schlimmer als Fleisch.

Lebe ein natürliches Leben, nimm einfache Nahrung zu dir, die du dir selbst aussuchst. Es ist nicht nötig, alle *sattva*-haltigen Nahrungsmittel, die oben angeführt sind, zu sich zu nehmen. Es genügt einige auszuwählen, die leicht zu beschaffen und dem Schüler angenehm sind. Wenn auch Milch das beste Nahrungsmittel ist, so kann sie doch für einige schädlich sein und ihrer Konstitution nicht zusagen. Eine Diät, die nicht bekommt oder zu Verstopfung führt, muß selbstverständlich gewechselt werden. Das verlangt der gesunde Menschenverstand *(yukti)*.

Hauptsache ist es, daß der Schüler Herr bleibt über Essen und Trinken und daß er nicht gierig nach irgendeiner besonderen Nahrung verlangt. Er darf nicht Sklave sein irgendeines Gegenstandes.

Gemäßigte Diät

Schwere Nahrung macht träge *(tamas)* und schläfrig. Es ist ein weit verbreitetes Mißverständnis, daß Gesundheit und Kraft viel Nahrung erfordern. Es kommt vielmehr auf Assimilation und Verdauung an, da in den meisten Fällen ein großer Teil der Nahrung unverdaut mit dem Kot abgeht. Der Magen darf nur halb mit Nahrung und ein Viertel mit reinem Wasser gefüllt sein. Der übrige Teil muß leer bleiben. Das ist gemäßigte Diät *(mithahara)*, die für die Gesundheit sehr wesentlich ist. Fast alle Krankheiten sind auf unregelmäßiges, übermäßiges oder ungesundes Essen zurückzuführen. Es ist äußerst gefährlich, zu jeder Zeit alles mögliche zu sich zu nehmen. Auf diese Weise kann man keine Fortschritte auf dem geistigen Weg machen. Darum sagt Krishna: »Wer zuviel ißt, kennt Andacht nicht, noch der, der ganz und gar nicht ißt; wer zu verschlafen ist, noch wer stets wacht« (Bhagavad Gita VI, 16).

Ein Vielfraß kann nicht von heute auf morgen regelmäßige und maßvolle Diät halten. Er muß allmählich weniger zu jeder Mahlzeit zu sich nehmen. Dann sollte er an Stelle der gewohnten schweren Nachtmahlzeiten einige Tage lang nur Milch und Früchte essen. Nach geraumer Zeit kann er die Abendmahlzeit vollkommen übergehen und auch während des Tages nur Milch und Früchte essen.

Zuviel Fasten schwächt. Es genügt, wenn der Schüler gelegentlich fastet, einmal im Monat oder wenn er gerade von Leidenschaft erregt ist. Während des Fastens darf man sich auch nicht in Gedanken mit Nahrung beschäftigen, da dies den gewünschten Erfolg verhindert. Auch sollte während des Fastens der Umgang mit anderen vermieden und die Zeit mit geistiger Yoga-Schulung verbracht werden. Nach Beendigung des Fastens soll der Schüler nicht schwere Nahrung zu sich nehmen.

Man soll nicht viel Aufsehens über sein Fasten machen und es nicht jedem erzählen, wenn man eine bestimmte Art von Diät zu sich nimmt. Die Beobachtung solcher religiöser Regeln *(niyamas)* ist ein Fortschritt auf dem geistigen Pfad, der aber keinen Segen bringt, wenn man öffentlich davon spricht. Es gibt heute viele Menschen, die einen Gelderwerb und Lebensberuf daraus machen, daß sie gewisse Stellungen, Atemübungen, Diätvorschriften – das Essen von Rohkost, Blättern oder Wurzeln – ausführen. Sie werden zu keinem geistigen Erfolg gelangen. Ziel des Lebens ist allein Selbstverwirklichung. Der Schüler

sollte dieses Ziel immer vor Augen halten und nach den vorgeschriebenen Methoden intensiv seine Übungen ausführen.

Geeignete Orte zur Yoga-Schulung

Man sollte für die Übungen einen abgeschiedenen Ort wählen,
an dem man nicht gestört wird. Es kann ein gut durchlüftetes
Zimmer sein, das niemand betreten darf, selbst nicht die nächsten Verwandten und Freunde. Es sollte stets verschlossen,
sauber und heilig gehalten werden, frei von Schmutz und
Feuchtigkeit. Nicht viele Dinge dürfen im Zimmer herumste-
hen, die ablenken können. Kein Lärm darf aus der Umgebung
eindringen. Das Zimmer sollte auch nicht zu groß sein, damit
die Augen nicht herumwandern können.

Orte mit kühlem und mildem Klima sind sehr geeignet, da
Hitze leicht erschöpft. Man sollte einen Ort aussuchen, an dem
man das ganze Jahr bleiben kann, einen schönen, erfreulichen
Fleck, am Ufer eines Flusses, Sees oder Meeres oder auf einem
Berggipfel, wo es eine Quelle und Baumgruppe gibt. Milch und
andere Nahrungsmittel sollten leicht zu beschaffen sein. Am
geeignetsten ist ein Ort, an dem auch andere Yoga-Schüler
leben, deren Übungen zum Nacheifern anregen und die man in
schwierigen Stunden um Rat fragen kann. Geeignet sind Dörfer
am Ufer des Ganges und anderer Flüsse Indiens und Orte im
Gebirge in der Nähe von Rishikesh. Der Schüler sollte nicht
zuviel herumsuchen, um jede Bequemlichkeit erfüllt zu finden
und sollte den Ort nicht schon bei kleinen Unannehmlichkeiten
wieder wechseln, sondern sich zurechtfinden. Jeder Ort hat
seine Vorteile und seine Nachteile. Man begnüge sich mit dem
Platz, der die meisten Vorteile und die wenigsten Nachteile hat.

Eine Hütte *(kutir)* an einem bevölkerten Ort wird die Neugier
der Menschen anziehen und die geistigen Schwingungen stören.
In einer Hütte in der Wildnis wird der Schüler schutzlos sein.
Diebe und wilde Tiere werden ihn stören und die Nahrungsmit-
telfrage ihn beunruhigen. Dies alles muß man in Betracht zie-

hen, wenn man einen für die Übungen geeigneten Platz sucht. Ist eine solche Wahl nicht möglich, sollte man ein abgeschlossenes Zimmer in einen Wald verwandeln.

Der Sitz für die Yogaübungen darf weder zu hoch noch zu niedrig sein. Er soll aus heiligem Gras *(kusha)*, aus einem Tigerfell oder einem Rotwildfell bestehen. Täglich soll man Weihrauch in seinem Zimmer verbrennen. Bei Beginn der Übungen muß man sorgfältig auf all dies achten. Ist man genügend fortgeschritten, braucht man nicht mehr soviel Wert auf diese Regeln zu legen.

Zeit

Gheranda Samhita rät, die Yoga-Übungen nicht im Winter, Sommer oder zur Regenzeit, sondern nur im Frühling und Herbst zu beginnen. Dies bestimmt sich nach der Temperatur des jeweiligen Ortes und nach der Kraft des einzelnen. Kühle Stunden sind im allgemeinen am besten geeignet. An heißen Orten sollte man während des Tages nicht üben. Frühe Morgenstunden sind für Yogaübungen zu empfehlen. Dagegen sollte man während des Sommers die Orte vermeiden, die schon im Winter warmes Klima haben. An kühlen Orten kann man auch während des Tages Yoga üben.

Wie oben ausgeführt, sollte man nicht mit überladenem Magen üben und zuvor ein Bad nehmen. Wandern die Gedanken unruhig umher, von Sorgen erfüllt, sollte man keine Yogaübungen machen.

Alter

Jugend unter achtzehn Jahren sollte, wenn sie sehr zart ist, nicht zu viel üben, da sie die Anspannung nicht vertragen würde. Auch wandern die Gedanken der Jugend ungefestigt hin und her, so daß sie schwer zu der intensiven und tiefen Konzentration zu führen sind, die Yoga verlangt. Auch das Alter, in dem die Vitalität durch Sorgen, Ängste, Kummer und andere weltliche Erfahrungen erregt ist, wird als Beginn geistiger Übungen nicht geeignet sein. Die beste Zeit liegt zwischen zwanzig und vierzig Jahren, bei kräftiger und gesunder Konstitution auch bis zu fünfzig Jahren.

Notwendigkeit eines Gurus

Früher mußten die Schüler einige Jahre bei ihrem Guru leben, damit er sie gründlich kennen lernte. Er beobachtete ihr Essen, ihre Übungen, ihr Geeignetsein für den geistigen Pfad. Er lernte ihr Temperament und andere wichtige Umstände kennen und entschied, welche Yogaform und welche Arten von Übungen für den einzelnen geeignet waren. Die Übungen richteten sich nach Natur, Fähigkeit und Möglichkeiten des Schülers.

Nachdem man die Theorie des Yoga verstanden hat, muß man seine Praxis von einem erfahrenen Guru lernen. Solange die Welt besteht, gibt es Bücher und Lehrer des Yoga. Man muß den Guru mit Vertrauen *(sraddha)*, Hingabe und Ernst suchen. Zunächst wird er Übungen geben, die auch zu Hause auszuführen sind. Fortgeschrittene und schwere Übungen aber verlangen die Aufsicht des Gurus. Der persönliche Kontakt mit ihm ist von vielerlei Vorteil und seine geistige, magnetische Aura von höchstem Segen. Für die Übungen des Bhakti-Yoga und des Vedanta ist der Guru nicht erforderlich. Nachdem der Schüler einige Zeit lang in den Srutis (Lehren) unterwiesen wurde, muß er für sich allein in vollkommener Abgeschlossenheit nachdenken und meditieren. Im Kundalini-Yoga dagegen müssen die Knoten *(grantis)* gelöst und Kundalini von Chakra zu Chakra geführt werden. Diese bedeutsamen Vorgänge, die Verbindung von Apana und Prana, ihr Aufstieg längs der Wirbelsäule *(sushumna)* und das Auflösen der Knoten *(grantis)* bedürfen lange Zeit der Hilfe des Gurus. Erst dann lernt der Schüler die Nadis, die Chakras und die Technik der verschiedenen Yoga-Übungen verstehen.

Der Schüler soll dem Guru die Geheimnisse seines Herzens öffnen. Je mehr er dies vermag, um so größer werden Sympathie und Hilfe des Gurus sein, um so mehr wird die Kraft des Schülers im Kampf gegen Sünde und Versuchung wachsen.

»Dies lerne durch Schülerschaft, Erforschung und Opfer. Die Weisen, die das Wesen der Dinge erschauen, werden dich die Weisheit lehren.«

Manche Schüler erkennen die Notwendigkeit eines Gurus erst, wenn sie selbständig Jahre lang meditiert haben und nicht weiter vorankommen, da die Hindernisse auf ihrem Weg unüberwindlich scheinen. Der Fremde wird in einer großen Stadt den Weg zu einer Wohnung schwer wiederfinden, wenn er ihn auch schon einmal gegangen ist. Um wieviel schwieriger ist es, den Weg des geistigen Pfades zu finden, wenn man allein mit geschlossenen Augen geht? Der Schüler begegnet Hindernissen, Schwierigkeiten und Gefahren auf seinem geistigen Weg, er steht vor Abgründen und begeht Irrtümer. Er bedarf der Führung eines Gurus, der den Weg vor ihm gegangen ist und das Ziel erreichte.

Wer ist ein Guru?

Guru ist, wer vollkommene Selbsterleuchtung erfahren und den Schleier der Unwissenheit gehoben hat, der über dem trugvollen Ich liegt. Guru, Wahrheit, Brahman, Ishvar, Atman, Gott, Om sind eins. Die Zahl der Vollendeten mag in diesem schwarzen Zeitalter *(kali yuga)* geringer sein als in einem vollkommenen *(satya yuga)*. Aber sie sind immer bereit, dem Schüler zu helfen, und immer suchen sie ihn.

Der Guru ist Brahman selbst. Er ist Ishvara, Gott. Ein Wort aus seinem Mund ist ein Wort Gottes. Er braucht nicht zu lehren. Seine Gegenwart allein erhebt und inspiriert die Seele. Begegnung mit ihm bedeutet Selbsterleuchtung, in seiner Umwelt leben ist geistige Erziehung. Seinen Lippen entströmt die Wahrheit der Veden und der heiligen Schriften. Sein Leben ist selbst Verkörperung der Veden. Der Guru ist Führer oder geistiger Lehrer, wahrer Vater, Mutter, Bruder, Verwandter und nächster Freund. Er ist Verkörperung der Barmherzigkeit und Liebe. Sein zartes Lächeln strahlt Licht, Seligkeit, Freude, Erkenntnis und Frieden aus. Er ist ein Segen für die leidende Menschheit. Er kennt den geistigen Pfad mit seinen Fallen und Abgründen, so daß er den Schüler warnen und ihm die Hindernisse forträumen kann. Er vermittelt dem Schüler geistige Kraft und schüttet seine Gnade über ihn aus. Er nimmt seine Sorgen auf sich und ist das Meer des Erbarmens. Angst, Elend, Verwirrung und weltliche Unreinheit schwinden in seiner Gegenwart.

Der Guru verwandelt das kleine Ich in das Brahma-Selbst. Er löscht alte, falsche oder schädliche Eindrücke aus und weckt Selbsterkenntnis. Er hebt das persönliche Ich aus dem Sumpf des Körpers und der früheren Eindrücke *(samskaras)* und lüftet den Schleier der Unwissenheit und der Zweifel, der Bindung und der Furcht. Er weckt Kundalini und öffnet das innere Auge der Intuition.

Der Guru muß nicht nur gelehrt sein, sondern muß auch die Meditation beherrschen. Büchergelehrsamkeit allein schafft keinen Guru. Nur wer die Veden studiert und durch unmittelbare Erfahrung Atman erkannt hat, ist ein Guru. Wenn du Frieden in der Gegenwart eines Mahatma findest, wenn seine Gegenwart allein alle Zweifel auflöst, dann nimm ihn als Guru.

Der Guru vermag allein durch Schau, Berührung, Wort oder Gedanken *(sankalpa)* Kundalini zu erwecken. Er kann dem Schüler Geistigkeit übermitteln und ihm zugleich mit dem Mantram seine eigene Kraft und seine gotterfüllte Haltung übertragen.

Der Guru prüft den Schüler auf verschiedene Art. Mancher Schüler mißversteht ihn und verliert das Vertrauen in ihn. Wer aber die Prüfungen besteht, wird am Ende seines Weges Erfolg haben und den Segen des Gurus empfangen. Die Prüfungen, die er auferlegt, sind bisweilen sehr hart. Einst befahl Gorakhnath einigen Schülern, einen hohen Baum emporzuklettern und sich auf einen scharfen Dreizack *(trishul)*, Kopf nach unten, herabfallen zu lassen. Viele Schüler, denen das Vertrauen fehlte, rührten sich nicht. Einer aber kletterte sofort voller Vertrauen den Baum hinauf und warf sich hinab. Die unsichtbare Hand des Gurus schützte ihn, und der Schüler empfing im gleichen Augenblick die Selbstverwirklichung, denn er hatte die Bindung an seinen Körper *(dehaadhyasa)* verloren. Die anderen Schüler, denen das Vertrauen gefehlt hatte, besaßen noch zu starke Bindungen, zu große Unwissenheit.

Es sind viele Debatten und Meinungsverschiedenheiten über die Notwendigkeit eines Gurus ausgetragen worden. Manche behaupten mit großer Überzeugung, daß ein Lehrer überhaupt nicht nötig sei zu Selbstverwirklichung und geistiger Entwicklung, daß allein die eigenen Bemühungen für den geistigen Fortschritt und die Selbsterleuchtung genügen. Sie zitieren verschiedene Stellen der Schriften und unterstützen sie durch eigene Argumente und Folgerungen. Andere versichern mit noch größerer Betonung und Kraft, daß überhaupt kein geistiger Fortschritt möglich sei – wie entwickelt auch die Intelligenz und wie groß auch die Anstrengungen und Kämpfe auf dem geistigen Pfad sein mögen – ohne Segen, Gnade und unmittelbare Führung eines geistigen Lehrers.

Der Schüler soll seine Augen öffnen und genau beobachten, was in anderen Lebenslagen geschieht. In jedem praktischen Beruf bedarf der Lernende der Hilfe und Führung eines Älteren. Wenn dies in weltlichen Berufen notwendig ist, warum soll es dann in geistigen anders sein? Wenn man in der Wildnis sich kreuzenden Fußpfaden begegnet, weiß man nicht, welchen man gehen soll, da man die Richtung des Weges nicht kennt. Man braucht einen Führer, der den richtigen Weg zeigt. Warum nicht auch auf dem geistigen Pfad?

Geistiges Wissen zu übermitteln ist Aufgabe des Gurus. Es geht von Guru auf Schüler in steter Reihenfolge über. Lehrer und Schüler sollen wie Vater und Sohn miteinander leben oder wie Mann und Frau in vollkommener Lauterkeit und Hingabe. In eifriger und offener Haltung sollte der Schüler die Lehren des Meisters in sich aufnehmen. Nur dann werden sie ihm zum Segen sein.

Es ist sehr schade, daß die augenblickliche Erziehungsmethode in Indien dem geistigen Wachstum des Schülers nicht förderlich ist. Seine Gedanken werden mit materialistischem Gift überfüttert. Der Schüler von heute hat keine Ahnung mehr von der wirklichen Beziehung zwischen Guru und Schüler. Sie ist nicht die gleiche wie zwischen Lehrer und Schüler in Schule und Universität. Als geistige Beziehung verlangt sie Hingabe und ist göttlicher, geheiligter Natur. Deshalb nahten in früheren Zeiten die Brahmacharis ihren Lehrern nur in tiefster Demut, Lauterkeit und Hingabe.

Geistige Kraft

Wie jeder Gegenstand kann auch geistige Kraft von einem zum anderen übertragen und ihm wieder genommen werden. Diese Übermittlung geistiger Kraft nennt man »Shakti Sanchar«.

Vögel bleiben auf ihren Eiern sitzen, bis sie ausgebrütet sind. Fische legen Eier und warten, bis die Kleinen auskriechen. Die Schildkröte legt Eier und denkt an sie, bis die Jungen ausschlüpfen. In gleicher Weise wird die geistige Kraft vom Guru dem Schüler durch Berührung *(sparsha)*, Blick *(dharshan)*, Wollen oder Denken *(sankalpa)* übermittelt.

Manchmal geht der Yogi-Guru in den astralen Körper des Schülers ein, dessen Bewußtsein seine Kraft erhebt. Der bewirkende Yogi läßt den Schüler, auf den er einwirkt, vor sich niedersitzen und die Augen schließen. Dann übergibt er ihm seine Kraft. Der Schüler fühlt sie tatsächlich durch das Muladhara-Chakra zu Nacken und Scheitel aufsteigen.

Der Schüler führt verschiedene Hatha-Yogaübungen *(kriyas)*, Stellungen *(asanas)*, Atemübungen *(pranayamas)*, Körper- und Handhaltungen *(bhandas, mudras)* selbständig aus. Er darf die Kraft der Begierde *(iccha-shakti)* nicht unterdrücken und muß seinem inneren Antrieb *(prerana)* entsprechend handeln.

Ist sein Bewußtsein erhoben und ruhig, so beginnt die Meditation in dem Augenblick, in dem er die Augen schließt, von selbst. Durch seine kosmische Energie *(shakti sanchar)*, das Ergebnis der höchsten Kraft *(parampara)*, vermag die Gnade des Gurus Kundalini im Schüler zu erwecken. Dies ist ein geheimes mystisches Wissen, das der Guru dem Schüler übermittelt. Diesem aber sollte nicht genügen, daß ihm das Wissen weitergegeben wurde, sondern er muß auf seinem geistigen Weg sich ernst bemühen, um weitere Vollendung und Erfolge zu erzielen.

Shakti Sanchar ist von zweierlei Art. Es gibt eine höhere und niedere. Auf der niederen Stufe führt der Schüler ohne bewußtes Zutun und ohne Anweisungen *(jada-kriya)* Stellungen und Haltungen aus. Der Guru übermittelt hierzu die Kraft. Diese Übungen des Kriya aber sind nur Hilfsmittel und Anregung. Zur Vollkommenheit bedarf es mehr. Der Yogi, der sie erreichen will, muß auch die Schriften studieren und Konzentration und Meditation üben. Nur dann erlangt er die höhere Form des Shakti Sanchar.

Jesus vermittelte den Jüngern seine geistige Kraft durch Handauflegen. Samartha Ram Das berührte eine Gefallene. Sie ging in Samadhi ein. Sri Ramakrishna berührte Swami Vivekananda, und dieser empfing überbewußte Erkenntnisse. Aber noch sieben Jahre nach dieser Berührung kämpfte er, um Vollkommenheit zu erlangen. Krishna berührte die blinden Augen von Viswamangal (Sur Das). Sein innerer Blick wurde geöffnet, und er empfing die Schau *(bhav)* des Samadhi. Gouranga weckte göttliche Begeisterung durch seine Berührung und bekehrte viele zu seiner Lehre. Selbst Atheisten, die er berührte, tanzten in Ekstase durch die Straßen und sangen Lieder zum Preise Haris. Ehre sei diesen erhabenen Yogi-Gurus.

ZWEITES KAPITEL

THEORIE DES KUNDALINI-YOGA

Yoga-Nadis

Nadis sind die Astralen, aus astralem Stoff bestehenden Kanäle, die die psychischen Ströme weiterleiten. Das Sanskrit-Wort »nadi« stammt von der Wurzel »nad«, Bewegung. Durch diese Nadis (die feinstofflichen astralen Durchgänge, *sukshma)* fließt oder bewegt sich die vitale Kraft, der Prana-Strom, den man weder mit dem physischen Auge wahrnehmen noch experimentell feststellen kann. Diese Yoga-Nadis sind nicht zu verwechseln mit den gewöhnlichen Nerven, Arterien und Venen, die der Anatomie und Physiologie bekannt sind, sondern sie sind ganz anderer Natur.

Der Körper ist voll unzähliger Nadis, die man nicht aufzählen kann. Verschiedene Autoren beziffern sie zwischen 72 000 und 350 000. Die innere Struktur des Körpers kann nur mit Ehrfurcht und Bewunderung erfüllen, so wunderbar ist sie von Gott geschaffen.

Nadis spielen im Kundalini-Yoga eine wichtige Rolle, da die erwachte Kundalini den Nervenstrom der Wirbelsäule *(su-*

shumna nadi) durchläuft. Dies aber ist nur möglich, wenn die Nadis rein sind. Der erste Schritt des Kundalini-Yoga ist deshalb die Reinigung der Nadis. Dafür ist eine ausführliche Kenntnis der Nadis und Chakras, ihrer Lage, Funktion und Natur wesentlich.

Die subtilen Ströme, Nadis, haben Einfluß auf den physischen Körper, denn alles feinstoffliche Astrale *(sukshma)*, Prana, Nadis und Chakras haben ihre grobstoffliche Manifestation und Funktion im physischen Körper. Die groben Nerven und Geflechte stehen in enger Beziehung zu den subtilen astralen Zentren. Infolgedessen üben Vibrationen, die durch Übungen auf die physischen Zentren bewirkt werden, die gewünschte Wirkung auf die astralen aus.

Jede Verflechtung von Nerven oder Venen bildet ein Zentrum, das »Plexus« genannt wird. Die physischen Geflechte, die in den Vaidya Shastra erwähnt werden, heißen: Plexus pampiniformis, cervicalis, brachialis, coccygeus, lumbalis, sacralis, cardiacus, esophagealis, hepaticus, pharyngeus, pulmonalis, prostaticus, usw. Ähnlich gibt es Geflechte, Zentren vitaler Kraft, in der Wirbelsäule. Sie werden Lotus *(padma)* oder Chakras genannt. Ausführliche Beschreibungen werden weiter unten gegeben.

Alle Nadis entspringen aus der Stelle *(kanda)*, an der die Wirbelsäule *(sushumna nadi)* mit dem Muladhara-Chakra (dem untersten Teil der Wirbelsäule) verbunden ist. Manche behaupten, diese Quelle *(kanda)* liege zwölf Zoll oberhalb der Aftermündung. Vierzehn der unzähligen Nadi sollen besonders wichtig sein. Es sind:

1. Sushumna	2. Ida	3. Pingala
4. Gandhari	5. Hasthajihva	6. Kuhu
7. Saraswati	8. Pusha	9. Sankhini
10. Payaswini	11. Varuni	12. Alambhusha
13. Vishvodhara	14. Yasasvini	

Von diesen vierzehn Nadis wieder sind Ida (der Strom auf der linken Seite des durch die Wirbelsäule fließenden Lebensstroms), Pingala (auf der rechten Seite) und Sushumna (der Lebensstrom, der mitten durch die Wirbelsäule fließt) die wichtigsten, und unter ihnen hat Sushumna die größte Bedeutung. Alle anderen Nadis sind ihm untergeordnet. Im folgenden werden genaue Ausführungen über jedes Nadis und seine Funktionen und über die Methode gegeben, wie Kundalini zu erwecken ist.

Wirbelsäule

Bevor wir zu dem Studium der Nadis und Chakras übergehen, sei etwas über die Wirbelsäule ausgesagt, da alle Chakras mit ihr in Zusammenhang stehen.

Die Wirbelsäule wird Meru Danda genannt. Sie ist die Achse des Körpers, wie der Berg Meru die Achse der Erde ist. Die Wirbelsäule heißt auch Rückgrat oder Mittelpfahl. Der Mensch ist ein Mikrokosmos *(pinda-kshudra-brahmanda)*. Alle Dinge des Weltalls, Berge, Flüsse, Elemente *(bhutas)* sind auch im Körper vorhanden, ebenso alle Grundstoffe *(tattwas)* und Welten *(lokas)*.

Man kann den Körper in drei Hauptbereiche einteilen: Kopf Rumpf und Glieder. Das Zentrum des Körpers liegt zwischen Kopf und Beinen. Die Wirbelsäule erstreckt sich von dem ersten Wirbel, dem obersten Halswirbel, Atlas genannt, bis zum unteren Ende des Rumpfes.

Die Wirbelsäule wird aus einer Reihe von dreiunddreißig Knochen, den Wirbeln, gebildet. Nach ihrer Lage werden diese in fünf Räume eingeteilt:
1. die zum Hals gehörigen sieben Wirbel,
2. die zur Brust gehörigen zwölf Wirbel,
3. die zur Lendengegend gehörigen fünf Wirbel,
4. die zum Kreuzbein gehörigen fünf Wirbel,
5. die zum Steißbein gehörigen vier Wirbel.

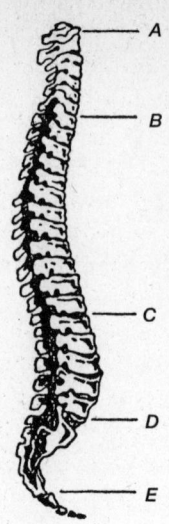

A = Atlas; A-B = Cervical-Region; B-C = Ahoracal-Region; D-E =
Sacral-Region; E-Ende = Coccygeal-Region.

Die Wirbel sind zu einer Säule aufeinandergeschichtet, um Kopf
und Rumpf zu tragen. Sie werden durch knorplige Zwischen-
wirbelscheiben und Gelenkflächen miteinander verbunden. Die
Wirbelbogen bilden mit dem rückwärts gelgenen Wirbelkörper
einen Hohlzylinder, einen knochigen Durchgang für das Rük-
kenmark. Die Größe der Wirbel ist unterschiedlich. Die Hals-
wirbelkörper sind kleiner als die Brustwirbel, die Öffnungen
der Wirbelbögen sind dagegen am Hals größer. Die Wirbel der
Lendengegend haben den größten Umfang. Die ganze Wirbelsäule gleicht nicht einem steifen Stock, sondern hat Krümmun-
gen, die eine federnde Bewegung ermöglichen. Alle anderen
Knochen des Körpers sind mit ihr verbunden.

Zwischen den Wirbeln liegen Öffnungen, durch die die Nerven vom Rückenmark aus zu den verschiedenen Teilen und
Organen des Körpers verlaufen. Die fünf Regionen der Wirbel-

säule entsprechen den Bereichen der fünf Chakras: Muladhara, Swadhishtana, Manipura, Anahata und Vishuddha. Sushumna Nadi verläuft durch den Hohlzylinder der Wirbelsäule. Ida liegt an der linken, Pingala an der rechten Seite des Rückgrats.

Sukshma Sarir

Der physische Körper ist in Übereinstimmung mit dem astralen geschaffen und ist wie Wasser in fester Form *(sthula)*. Zu Dampf erhitzt, entspräche er dem astralen Körper. In dieser Weise ist der astrale Körper *(sukshma)* im groben physischen enthalten, denn ohne den astralen vermag der grobstoffige Körper nichts. Jedes physische Zentrum des Körpers hat seine astrale Entsprechung. Es ist äußerst wichtig, den grobstoffigen Körper zu kennen, da der Kundalini-Yoga mit den Zentren des astralen Körpers arbeitet. In den folgenden Kapiteln soll eine kurze Beschreibung der Zentren des physischen Körpers und der entsprechenden Zentren des astralen Körpers *(sukshma sarir)* gegeben werden.

Kanda

Kanda, die Wurzel, liegt zwischen dem After und der Wurzel des Zeugungsorganes gerade oberhalb des Muladhara-Chakras. Sie ist wie ein Ei gebildet und mit Häutchen bedeckt. Alle Nadis des Körpers entspringen dieser Quelle. Die vier Blumenblätter des Muladhara-Chakras liegen auf der Seite der Wurzel. Die Verbindung dieses Chakras mit Sushumna (dem psychischen Nervenstrom, der durch die Wirbelsäule fließt) heißt Granthi Sthan. Hier ist der Einfluß von Maya besonders stark.

Kanda ist ein Zentrum des Astralkörpers, in dem die subtilen Yoga-Nadis entspringen und die Lebensenergie *(sukshma prana)* in die verschiedenen Teile des Körpers hinführen. Diesem Zentrum entsprechen im physischen Körper die Nervenwurzeln des Plexus lumbalis und sacralis, »Cauda equina« genannt. Das

Rückenmark läuft am Ende der Wirbelsäule in einem feinen, seidigen Faden aus. An seinem Abgang zweigen unzählige Fasern ab, die in Nervenbündeln zusammengefaßt sind. Dies ist die »Cauda equina« des grobstofflichen Körpers. Ihre astrale Entsprechung ist Kanda.

Rückenmark

Das zentrale Nervensystem besteht aus Gehirn und Rückenmark, dem cerebro-spinalen System. Die Fortsetzung der Medulla oblongata (Brücke), ist die Verbindung zwischen Gehirn und Rückenmark. Das Zentrum der Medulla oblongata ist eng verbunden mit der automatischen Funktion des Atmens und Schluckens. Das Rückenmark erstreckt sich von dem oberen Ende des Rückgrats bis zum zweiten Lendenwirbel und löst sich hier in einem feinen, seidenen Faden, dem filium terminale auf.

Das Rückenmark ist eine Säule aus sehr zarter, grauer und weißer Gehirnsubstanz. Die weiße Substanz liegt beiderseits der grauen und besteht aus Marknerven, während die graue aus Nervenzellen und Fasern besteht. Das Rückenmark ist nicht fest der Wirbelsäule eingepaßt, sondern gleichsam nur hineingelegt wie das Gehirn in den Hohlraum des Schädels. Es wird von kleinen Häutchen ernährt und liegt ebenso wie das Gehirn in einer Flüssigkeit, die sie zusammen mit einer Hülle aus fettigem Gewebe vor allen Schädigungen bewahrt. Das Rückenmark ist in zwei Hälften geteilt, in deren Mitte ein kleiner Kanal, der canalis centralis, liegt. Durch diesen Kanal *(nadi)* fließt der Lebensstrom *(brahmanadi)* vom Muladhara- zum Sahasrara-Chakra, durch ihn steigt die erweckte Kundalini bis zum Scheitelpunkt des Kopfes *(brahmarandhra)* auf.

Das Rückenmark ist mit dem Gehirn und mit allen Nerven verbunden. Die Organe der Fortpflanzung, des Harnlassens, der Verdauung, der Blutzirkulation und der Atmung werden von ihm kontrolliert.

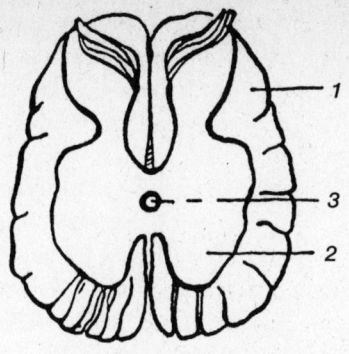

Rückenmark
1 = weiße Substanz, 2 = graue Substanz, 3 = Zentral-Kanal
Das ganze Gebilde ist Sushumna Nadi
Innerer Kreis = Vayra Nadi, Innerster Kreis = Caitra,
Zentral-Kanal = Brahma Nadi.

Sushumna Nadi

Wenn wir Bildung, Lage und Funktion des Rückenmarks mit Sushumna Nadi vergleichen, erkennen wir, daß die Yogis der Vergangenheit das Rückenmark mit diesem Namen bezeichneten. Die westliche Anatomie beschäftigt sich mit der grobstofflichen Form und Funktion des Rückenmarks, während die Yogis früherer Zeiten sich mit seiner subtilen Natur befaßten. Im Kundalini-Yoga ist die genaue Kenntnis dieser Nadi besonders wichtig.

Sushumna führt vom Muladhara-Chakra (dem zweiten Wirbel der Steißbeingegend) zum Scheitelpunkt des Kopfes, Brahmarandhra. Die westliche Anatomie kennt einen Zentralkanal im Rückenmark, den canalis centralis, der durch die graue Gehirnsubstanz verläuft. Ebenso wie das Rückenmark im Hohlraum der Wirbelsäule aufgehängt oder hineingelegt ist, liegt Sushumna in diesem Hohlraum. Sie ist feinstofflich und von roter Farbe wie das Feuer *(agni)*.

59

In Sushumna liegt ein Nadi, Vajra genannt, von strahlender Farbe wie die Sonne *(surya)* und von dynamischer Kraft *(raja)*. In diesem Vajra Nadi wieder liegt ein anderes Nadi, Chitra genannt. Dies ist von harmonischer *(Sattva)* Natur und von blasser Farbe. Die Eigenschaften von Feuer, Sonne und Mond *(agni, surya, chandra)* sind die drei Aspekte von Shabdha Brahma (dem Brahma der Veden). Im Chitra Nadi liegt ein sehr kleiner Kanal – der canalis centralis – Brahma Nadi, in dem alle sechs Chakras (Lotus) liegen: Das Muladhara-, Swadhishtana-, Manipura-, Anahata-, Vishuddha- und Ajna-Chakra.

Der unterste Teil Chitra Nadi heißt Brahmadwar, das Tor Brahmas, durch das Kundalini zum Brahmarandhra-Chakra aufsteigt. Dieses entspricht dem Makrokosmos Haridwar, dem Tor des Gottes Hari von Badrinarayan. Chitra endet im Kleinhirn.

In umfassendem Sinn wird Sushumna Nadi selbst (das grobstoffliche Rückenmark) Brahma Nadi genannt. Aber auch der Kanal in Chitra heißt Sushumna. Ida und Pingala liegen auf der linken und rechten Seite der Wirbelsäule.

Chitra ist das höchste Nadi. Es gleicht einem feinen Lotusfaden. In fünf Farben strahlend, liegt es im Zentrum der Sushumna. Es ist der vitalste Teil des Körpers, der himmlische Weg, der Spender der Unsterblichkeit. Der Yogi, der über die Chakras in diesem Nadi meditiert, zerstört alle Sünden und erlangt höchste Glückseligkeit und Befreiung *(moksha)*.

Wenn der Atem durch Sushumna fließt, wird das Bewußtsein ruhig. Diese Stetigkeit der Gedanken ist der höchste Zustand des Yoga *(unmani avastha)*. Ist Sushumna in Tätigkeit, ist eine wunderbare Meditation erreicht. Sind die Nadis voller Unreinheiten, kann der Atem nicht das mittelste Nadi erreichen. Es ist dann notwendig, zur Reinigung der Nadis den Atem zu schulen.

Parasympathisches und sympathisches Nervensystem

Auf beiden Seiten des Rückenmarks verlaufen die sympathischen und parasympathischen Nervenstränge, eine doppelte Kette von Ganglien, die eine Sammlung von Nervenzellen sind. Sie bilden ein autonomes System, das die Nerven zur Verfügung stellt zur automatischen Funktion von Herz, Lunge, Eingeweide, Nieren, Leber usw. und diese beherrscht. Zu dem sympathischen System gehört auch der Vagusnerv, der im menschlichen Organismus eine vitale Rolle spielt. Das sympathische System hat die Aufgabe der Anregung und Beschleunigung. Das parasympathische Nervensystem spielt dagegen eine verzögernde oder verhindernde Rolle. Es entsendet Nerven zur Hemmung oder Ausweitung der Arterien, die Sauerstoff zur Ernährung der Gewebe, Organe und Zellen den verschiedenen Körperteilen zuführen. Sie werden auch Vasodilatoren genannt. Die linken und rechten sympathischen Nervenstränge sind durch Fäserchen miteinander verbunden, die von rechts nach links und umgekehrt verlaufen, deren genaue Kreuzungspunkte trotz zahlreicher Versuche aber noch unbekannt sind.

Ida und Pingala Nadis

Ida und Pingala Nadis sind keine grobstofflichen, sympathischen Nervenstränge, sondern feinstoffliche Nadis, die das Sukshma Prana weiterleiten. Im physischen Körper entsprechen sie annähernd den rechten und linken Nervensträngen des Sympathicus.

Ida beginnt am rechten, Pingala am linken Hoden. Sie treffen Sushumna Nadi im Muladhara-Chakra und bilden hier einen Knoten. Die Verbindung dieser drei Nadis im Muladhara-Chakra heißt Mukta Triveni nach dem Treffpunkt *(triveni)* der drei Flüsse Ganges, Yamuna und Saraswati in Prayag benannt. Noch einmal begegnen sie sich im Anahata- und im Anja-Chakra.

Ida fließt durch das linke Nasenloch, Pingala durch das rechte.

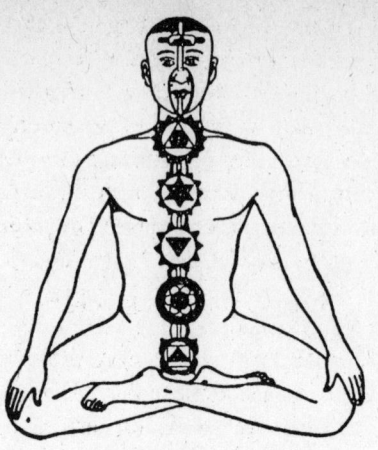

Die sieben Chakras Ida, Pingala,
Sushumna Nadis.

Ida wird auch Chandra Nadi (Mond) und Pingala Surya Nadi
(Sonne) genannt. Ida gibt Kühle, Pingala Wärme. Pingala ver-
daut die Nahrung, Ida ist die Ernährerin der Welt. Pingala ist
von feurigem Rot, Ida von bleicher Farbe. Ida und Pingala
bedeuten die Zeit *(kala)*, die von Sushumna verzehrt wird. Der
Yogi kennt die Stunde seines Todes. Er führt seine Lebenskraft
(prana) in Sushumna ein, hält sie in Brahmarandhra fest und
trotzt der Zeit *(kala* – Tod). So überwand der berühmte Yogi
Sree Chand Dev Maharashtra mehrere Male den Tod, indem er
Prana in die Sushumna führte.

Swara Sadhana

Swara Sadhana, eine Atemübung, offenbart die Wahrheit,
Brahma und verleiht höchste Erkenntnis und Seligkeit. Während Ida in Tätigkeit ist, muß der Schüler ruhige Handlungen
vollbringen; während Pingala in Tätigkeit ist, muß er harte
vollbringen. Wenn Sushumna tätig ist, muß er sich um die

Erlangung psychischer Kräfte, um Yoga und Meditation bemühen. Gute Erfolge erzielt der Schüler, wenn sein Atem bei Sonnenaufgang durch Ida (Mond) aufsteigt und während des Tages weiterfließt und wenn er bei Sonnenuntergang durch Pingala (Sonne) aufsteigt und die Nacht hindurch weiterfließt. Ein großer Yogi wird, wer den Atem den ganzen Tag durch Ida und die ganze Nacht durch Pingala strömen läßt.

Wechsel im Fluß der Nadis

Die folgenden Übungen dienen dem Wechsel des Flusses von Ida zu Pingala. Der Schüler kann sich die Übung aussuchen, die ihm als die geeignetste erscheint. Um den Fluß von Pingala zu Ida zu wechseln, muß er die gleiche Übung in umgekehrtem Sinn ausführen:

1. Schließe das linke Nasenloch für einige Minuten mit einem kleinen Stück Watte oder feinem Leinen.
2. Lege dich zehn Minuten lang auf die linke Seite.
3. Sitze ganz gerade. Ziehe das linke Knie hoch und halte die linke Ferse nahe an der linken Gesäßbacke. Drücke die linke Achselhöhle *(axilla)* auf das Knie. In kürzester Zeit wird der Fluß nur durch Pingala strömen.
4. Halte beide Fersen nahe an der rechten Gesäßbacke zusammen, das rechte Knie über das linke gelegt. Die linke Handfläche liegt einen Fuß weit entfernt auf dem Boden, wobei das Gewicht des Rumpfes auf der linken Hand ruht. Der Ellenbogen darf nicht gebogen werden. Die rechte Hand muß das linke Fußgelenk fassen. Der Kopf soll nach links gedreht sein. Diese Methode ist sehr wirksam.
5. Der Atemfluß kann auch durch eine rotierende Bewegung des Bauches *(nauli kriya)* verändert werden.
6. Manche Yogi vermögen den Atemstrom willentlich zu verändern.
7. Stütze dich mit der linken Achselhöhle auf einen Holzstock von etwa zwei Fuß Länge, der am einen Ende in U-Form

ausläuft, *(yoga danda* oder *hamsa danda)* und lehne die linke Körperseite dagegen.

8. Den wirksamsten und unmittelbarsten Erfolg erzielt der Schüler, wenn er den Atemstrom durch Kechari Mudra verändert, das heißt wenn er die Zunge nach innen legt und mit seiner Zungenspitze den Durchgang der Luft hindert.

Die angeführten Übungen sollen einer allgemeinen Atemregulierung dienen. In den nachfolgenden Kapiteln werden viele andere Übungen zur Reinigung der Nadis und Erweckung der Kundalini beschrieben. Niemals hat es eine geheimere Lehre gegeben als die Wissenschaft vom Atem, niemals einen wahreren Freund als diesen. Die Kraft des Atems führt Freunde zusammen und schafft Wohlstand und Ansehen. Wissen von Vergangenheit, Gegenwart und Zukunft, psychische Kräfte *(siddhis)* und den höchsten Zustand kann man durch richtiges Atmen erlangen.

Der Schüler sollte Swara Sadhana systematisch und regelmäßig täglich üben, das heißt, den Atemstrom des Tages durch das linke Nasenloch, nachts durch das rechte fließen lassen. Er wird dies als wunderbare Wohltat empfinden und ein gesundes und langes Leben führen. Falsches Atmen *(swara)* dagegen ist der Grund vieler Leiden. Laßt ab von der gewohnten Faulheit und Trägheit und gebt das sinnlose Geschwätz auf. Beginnt mit den Übungen, nachdem ihr zum Gott Shiva, der dieses wunderbare Wissen schenkte, gebetet habt.

Weitere Nadis

Gandhari, Hasthajihva, Kuhu, Saraswati, Pusha, Sankhini, Payaswini, Varuni, Alambusha, Vishvodhara, Yasaswini heißen einige andere wichtige Nadis, die ihren Ursprung in Kanda, der Wurzel, haben. Sie liegen alle seitlich von Sushumna, Ida und Pingala und verlaufen nach den verschiedenen Körperteilen, um dort besondere Funktionen auszuüben. Es sind feinstoffliche Nadis, aus denen unzählige kleinere Nadis entspringen. Wie die

Blätter des Aswatha-Baumes von feinsten Fasern bedeckt sind, wird der Körper von Tausenden von Nadis durchzogen.

Padmas oder Chakras

Im Astralkörper *(linga sarira)* liegen die Chakras. Der Astralkörper besteht aus siebzehn Eigenschaften *(tattwas)*: aus fünf Sinnesorganen *(jnana indriyas)*: Ohren, Haut, Augen, Zunge, Nase; aus fünf Werkzeugen der Handlung *(karma indriyas)*: Mund, Hand, Beine, Zeugungsorgane, After; aus fünf Vitalenergien *(pranas)*: Prana, Apana, Vyana, Udana, Samana; aus Bewußtsein *(manas)* und aus Verstand *(buddhi)*. Diese Tattwas haben entsprechende Zentren im Rückenmark und in den Nervengeflechten des grobstofflichen Körpers. Jedes Chakra beherrscht und bestätigt ein besonderes Zentrum des grobstofflichen Körpers, das mit bloßem Auge nicht gesehen werden kann. Törichte Ärzte glauben, die Chakras im physischen Körper durch Sezierung des Leichnams finden zu können und verlieren den Glauben an die Schriften und die Yoga-Übungen, weil sie kein Chakra entdecken konnten.

Die astrale Lebensenergie *(sukshma prana)* wirkt im Nervensystem des Astralkörpers *(linga sharira)*; die physische Lebensenergie *(sthula prana)* im Nervensystem des grobstofflichen, physischen Körpers. Beide Kräfte sind eng miteinander verbunden und reagieren aufeinander. Die Chakras bleiben auch nach Auflösung des physischen Körpers durch den Tod im Astralkörper wirksam. Es gibt eine Theorie, nach der sich die Chakras erst während der Konzentration und Meditation bilden. Dies aber ist nicht möglich. Sie müssen schon in einer subtilen Form vorhanden sein, da die grobe Materie Ergebnis der feinstofflichen ist. Ohne den subtilen Körper ist der materielle nicht möglich. Aber man vermag die astralen Chakras nur während der Konzentration und Meditation zu empfinden.

Jede Verflechtung mehrerer Nerven, Arterien und Venen nennt man Plexus. Die grobphysischen Geflechte, die in den

Vaidya Shastra erwähnt werden, sind der Plexus hepaticus, cervicalis, brachialis, coccygeus, lumbalis, sacralis, cardiacus, gastricus, oesophagus, pharyngeus, pulmonalis, prostaticus usw. In ähnlicher Weise gibt es Geflechte oder Zentren astraler Lebensenergie *(sukshma prana)* im Nervenstrom der Wirbelsäule *(sushumna nadi)*. Alle Funktionen des Körperkreislaufs, der Nerven, Verdauung und Atmung, der uro-genitalen und aller anderen Körpersysteme stehen unter der Kontrolle dieser Zentren der Sushumna. Es sind subtile Zentren vitaler Energie, Zentren des Bewußtseins *(chaitanya)*, die ihre Entsprechungen im physischen Körper haben. So entspricht zum Beispiel dem Anahata-Chakra, im Sushumna Nadi das Herz des physischen Körpers (der Plexus cardiacus).

Die subtilen Zentren der Sushumna Nadi werden Lotus oder Chakra genannt. In jedem Chakra ist eine besondere Eigenschaft *(tattwa)* vorherrschend, hat eine bestimmte Gottheit ihr Einflußgebiet, ist ein bestimmtes Tier vertreten. Das heißt: Dieses Zentrum besitzt die Eigenschaften, Tattwas oder Gunas dieses Tieres, Es gibt sieben Haupt-Chakras: Muladhara-, Swadhishtana-, Manipura-, Anahata-, Vishuddha- und Ajna-Chakra. Das wichtigste Chakra aber ist Sahasrara, das am Scheitelpunkt des Kopfes liegt. Die sieben Chakras entsprechen den Lokas (Welt der Formen und Namen): den Bhu, Bhuvar, Swar, Maha, Jana, Tapo und Satya Lokas. Muladhara bis Vishudda sind die Zentren der Pancha Bhutas, der fünf Elemente: Erde, Wasser, Feuer, Luft und Äther.

Erwacht Kundalini, so steigt sie von Muladhara durch alle Chakras zum Sahasrara-Chakra auf. In jedem Zentrum, zu dem der Yogi Kundalini hinführt, erfährt er eine besondere Form von Glückseligkeit *(ananda)*, erwirbt er besondere psychische Kräfte *(siddhis)* und Erkenntnis. Der höchsten Glückseligkeit erfreut er sich, wenn Kundalini im Sahasrara-Chakra angelangt ist.

Andere Chakras sind: Adhara (ein anderer Name für Muladhara), Amrita, Ananda, Lalita, Balwana, Brahmadwara,

Chandra, Dipaka, Karnamula, Gulhaha, Kuladipa, Kundali, Galabaddha, Kaladaada, Kaladhwara, Karangaka, Kalabhedan, Lalna, Mahotsaha, Manuas, Talana, Mahapadma, Niradhara, Naukula, Prana, Soma, Triveni, Urdhvarandhra, Vajra. Daneben gibt es auch noch viele kleinere Chakras. Manche Hatha-Yogi lehren, daß es neben dreizehn wichtigen Chakras noch einundzwanzig kleinere gibt. Andere nehmen neunundvierzig Chakras an, während die frühen Yogi einhundertvierundvierzig Chakras kannten. Talana-Chakra mit seinen zwölf roten Blütenblättern liegt in der Nähe des Gaumenschlundes. Manas Chakra mit seinen sechs Blütenblättern ist eng mit Empfindungen, Träumen und astralen Reisen verbunden. In den folgenden Kapiteln sollen ausführliche Beschreibungen der einzelnen Chakras gegeben werden.

Blütenblätter der Chakras

Jedes Chakra hat eine bestimmte Anzahl von Blütenblättern, auf denen Buchstaben des Sanskrit-Alphabetes verzeichnet sind. Diese Buchstaben sind auf den Blütenblättern in latenter Form eingezeichnet und aktivieren sich erst während der Konzentration.

Die Anzahl der Blütenblätter ist verschieden. Muladhara besitzt vier, Swadhishtana sechs, Manipura zehn, Anahata zwölf, Vishudda sechzehn und Ajna-Chakra zwei Blütenblätter. Auf diesen fünfzig Blütenblättern stehen alle fünfzig Sanskrit-Buchstaben. Die Zahl der Blütenblätter in jedem Chakra wird durch Zahl und Lage der Yoga-Nadis bestimmt, die die Chakras umgeben. (Nadi kommt von der Wurzel *nad* = Bewegung und bezeichnet subtile Nervenkanäle, durch die der Prana-Strom fließt). Um dies noch deutlicher zu erklären: Aus jedem Chakra steigt eine bestimmte Anzahl von Yoga-Nadis auf. Das Chakra erscheint als Lotusblüte, deren Blütenblätter die Nadis sind. Der Ton, den die Schwingungen der Yoga-Nadis hervorrufen, wird von den entsprechenden Sanskrit-Buchstaben dargestellt. Liegt

Kundalini im Muladhara-Chakra, so lassen die Chakras ihre Blütenblätter nach unten hängen. Sobald sie erwacht, wenden sie ihre Blätter dem Brahmarandhra-Chakra (am Scheitelpunkt des Kopfes) zu. Sie sind immer zu Kundalini hingerichtet.

Muladhara-Chakra

Das Muladhara-Chakra liegt an der untersten Stelle des astralen Kanals der Wirbelsäule, zwischen der Wurzel des Zeugungsorgans und dem After, gerade unterhalb von Kanda und der Verbindung von Ida, Pingala und Sushumna Nadi. Sein Raum beginnt zwei Finger oberhalb des Afters, endet etwa zwei Finger unterhalb der Genitalien und ist etwa vier Finger breit. Es ist das tragende Chakra *(adhara)*, über dem die anderen liegen. In ihm ruht Kundalini, die allen Chakras Macht und Energie verleiht.

Vier wichtige Nadis gehen von diesem Chakra aus und stellen die vier Blütenblätter der Lotusblume dar. Die subtilen Schwingungen, die von jedem der Nadi bewirkt werden, sind von den vier Sanskrit-Buchstaben Vam, Sam, Sham *(palatal)* und Sham *(zerebral)* dargestellt. Die Wurzel *(yoni)*, die im Zentrum dieses Chakras liegt, heißt Kama (Begierde) und wird von den Siddhas (vollkommene Yogis) verehrt. In ihr schläft Kundalini. Ganesha ist die Göttin dieses Chakras. Unter diesem Chakra liegen die sieben Unterwelten: Atala, Vitala, Sutala, Talatala, Rasatala, Mahatala und Patal Lokas. Sie sind auf niedere Chakras in den Gliedern bezogen, die von dem Muladhara-Chakra kontrolliert werden. Bhuva, Swa oder Swarga, Maha, Jana, Tapo und Satya Lokas liegen oberhalb des Muladhara-Chakras. Der Yogi, der in das Muladhara-Chakra durch Prithvi Dharan (Konzentration) eingedrungen ist, hat Prithvi Tattwa (Erd-Eigenschaft) besiegt und keine Furcht mehr vor dem irdischen Tod. Prithvi ist von gelber Farbe. Der goldene Dreiklang (Feuer, Sonne, Mond), *»Bija«* genannt, ist die »große Energie« *(parama tejas)*, die im Muladhara-Chakra ihren Sitz hat und als Swayambhu Linga bekannt ist. In der Nähe dieses Lingas (Zeichen) liegt die goldene Region, Kula genannt, deren herrschende Gottheit Dakini (Shakti) ist. Brahma Granti oder der Knoten Brahmas liegt im Muladhara-Chakra. Der Buchstabe Lam ist dessen »Bija« (Energie). Vishnu Granti und Rudra Granti liegen im Anahata und Ajna-Chakra.

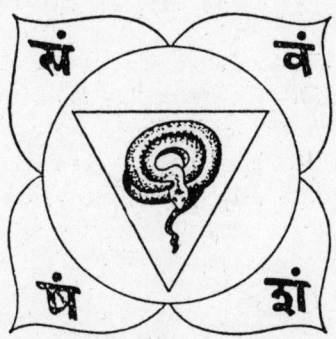

Der Yogi, der sich auf Muladhara-Chakra konzentriert und darüber meditiert, erlangt die vollkommene Erkenntnis der Kundalini und damit die Mittel, diese zu erwecken. Ist sie erwacht, empfängt er Darduri Siddhi, die Kraft, sich vom Boden zu erheben und den Atem, das Bewußtsein und den Samen zu beherrschen. Sein Prana tritt in das mittlere Brahma Nadi ein. Seine Sünden werden ausgelöscht. Er erkennt Vergangenheit, Gegenwart und Zukunft und erfreut sich der natürlichen Glückseligkeit *(sahaja ananda)*.

Swadhishtana-Chakra

Swadhishtana-Chakra liegt im astralen Kanal der Wirbelsäule *(sushumna nadi)* an der Wurzel der Genitalien. Es entspricht dem Bhuvar Loka und herrscht über Unterleib, Nieren usw. des physischen Körpers. Jala Mandal (die Region des Wassers – *apas tattwa)* liegt hier.

In diesem Chakra befindet sich ein Raum in der Form des

aufgehenden Mondes oder der Gestalt einer Muschelschale oder der Kunda-Blume. In ihm herrscht als Gottheit Brahma, als Devata die Göttin Rakini. Der Buchstabe Bijakshar *(vam)*, Bija des Varuna, liegt im Swadhishtana-Chakra, dessen Farbe ein reines, blutähnliches Rot oder die Farbe des Zinnobers *(chendur)* ist. Von seinem Zentrum gehen sechs Yoga-Nadis aus, die den Blütenblättern der Lotusblume entsprechen. Die Schwingungen, die diese Nadis bewirken, werden von den Sanskrit-Buchstaben: bam, bham, mam, yam, ram und lam dargestellt.

Wer sich auf dieses Chakra konzentriert und über die Devata meditiert, hat keine Furcht vor dem Wasser und beherrscht das Wasserelement vollkommen. Er erwirbt verschiedene psychische Kräfte, intuitive Erkenntnis, vollkommene Beherrschung seiner Sinne und Erkenntnis der astralen Wesenheiten. Kama, Krodha, Lobha, Moha, Mada, Matsarya (Begierde, Zorn, Gier, Täuschung, Stolz, Neid) und andere Unreinheiten sind ausgelöscht. Der Yogi wird zum Sieger über den Tod *(mrit-yunjaya)*.

Manipura-Chakra

Manipura ist das dritte Chakra von unten gerechnet. Es liegt innerhalb der Sushumna Nadi in der Nabelgegend *(nabhi sthana)*. Sein entsprechendes Zentrum im physischen Körper beherrscht Leber, Magen usw. und ist ein sehr wichtiges Zentrum.

Von diesem Chakra, das die Farbe dunkler Wolken hat, gehen zehn Yoga-Nadis aus, die die Blütenblätter der Lotusblume darstellen. Die von den Nadis hervorgerufenen Schwingungen werden von den Sanskrit-Buchstaben *dam (cerebral), tam, nam, tham, ttham, dam (palatal), dham, nam, pam* und *pham* dargestellt. In der Mitte des Chakras liegt ein Raum in Form eines Dreiecks: das Agni Mandala (Feuerregion – *agni tattwa*). In ihm befindet sich Bijakshara Ram, die Bildekraft des Feuers *(agni)*. Die beherrschende Gottheit ist Vishnu und die Göttin Lakshmi. Das Manipura-Chakra entspricht Swa oder Swarga Loka und dem Solarplexus im physischen Körper.

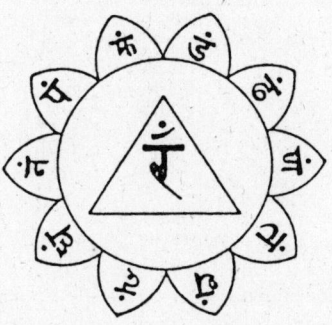

Der Yogi, der sich auf dieses Chakra konzentriert, erlangt Satala Siddhi und vermag verborgene Schätze zu finden. Er ist von allen Krankheiten befreit und kennt keine Furcht vor Feuer. »Selbst wenn er in brennendes Feuer geworfen wird, bleibt er ohne Todesfurcht am Leben.« (Gheranda Samhita.)

Anahata-Chakra

Das Anahata-Chakra liegt innerhalb der Sushumna Nadi im Sukshma-Zentrum. Es beherrscht das Herz und entspricht dem Plexus cardiacus des psychischen Körpers. Das Chakra ist von tiefroter Farbe. In ihm ist ein sechseckiger Raum von dunstiger oder tiefschwarzer Farbe. Dieses Chakra ist das Zentrum von Vayu Mandal (der Luftregion, *vayu tattwa*). Von ihm strahlen fünfzehn Nadis aus. Die Schwingung wird mit den folgenden Sanskrit-Buchstaben: *Kam, Kham, Gam, Gham, Gnam, Cham, Chham, Jam, Jham, Jnam, Tam* und *Tham* dargestellt. In diesem Chakra liegt das Bijakshara Yam, die Bildekraft von Vayu. Die beherrschende Gottheit ist Isha *(rudra)* und die Devata Kakini. Während im Muladhara-Chakra sich Swayambhu Linga befindet, liegt im Anahata-Chakra Bana Linga. Kalpa Vriksha liegt in diesem Chakra und gewährt alle Dinge, die man sich wünscht. In diesem Zentrum wird der Klang Anahat, der Klang des Shabda Brahma, offenbar. Man vernimmt ihn sehr deutlich, wenn man sich auf dieses Zentrum konzentriert. Vishnu Granti wohnt in diesem Sthana.

Wer über dieses Chakra meditiert, beherrscht in vollkommener Weise Vayu Tattwa (Luft), die voller Sattwa Gunas (harmonischer Eigenschaften) ist. Er vermag durch die Luft zu fliegen und in den Körper anderer einzudringen *(bhuchari siddhi, kechari siddhi, kaja siddhi)*. Kosmische Liebe und andere göttliche Eigenschaften werden ihm zuteil.

Vishuddha-Chakra

Das Vishuddha-Chakra liegt im Sushumna Nadi am unteren Ende des Halses *(kantha-mula sthana)*. Es entspricht dem Jana Loka und ist das Zentrum des Äther-Elementes *(akasa tattwa)*. Reines Blau ist seine Farbe. Alle Chakras, die über dem Vishuddha-Chakra liegen, gehören zu Manas Tattwa (Bewußtsein). Die beherrschende Gottheit ist Sadasiva *(itara linga)* und die Göttin Shakini. Von diesem Zentrum gehen sechzehn Yoga-Nadis aus, die den Blütenblättern der Lotusblume entsprechen. Die Schwingungen der Nadis werden von sechzehn Sanskrit-Vokalen dargestellt.

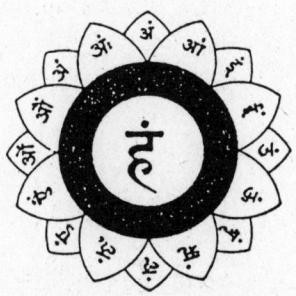

Akasa Mandal, die Region des Äthers, ist von runder Gestalt, dem Vollmond gleich. Bija (Bildekraft) des Akasa Tattwa *(ham)* liegt in der Mitte des Chakras und ist von weißer Farbe. Dieses Chakra entspricht dem Plexus laryngeus des physischen Körpers.

Die Konzentration auf die Eigenschaften *(tattwa)* dieses Chakra heißt Akasi Dharan. Wer diese Konzentration übt, wird selbst beim Untergang des Kosmos *(pralaya)* nicht vergehen, denn er erlangt die höchste und vollkommene Erkenntnis der vier Veden. Er wird zu einem Trikala Jnani, der Vergangenheit, Gegenwart und Zukunft kennt.

Das Ajna-Chakra liegt im astralen Kanal der Wirbelsäule *(sushumna nadi)* und hat seine physische Entsprechung im Zwischenraum zwischen beiden Augenbrauen, der Trikute genannt wird. Die beherrschende Gottheit Paramasiva *(shambho)* hat die Gestalt von Hamsa, die Göttin ist Hakini *(shakti)*. Pravana *(om)* ist das Bijakshara dieses Chakras, das der Sitz des Bewußtseins ist. Auf zwei Seiten hat das Chakra (Lotus) als Blütenblätter je einen Yoga-Nadi, dessen Schwingungen von den Sanskrit-Buchstaben Ham und Ksham dargestellt werden. Das Ajna-Chakra, der Knoten Shivas *(mudra granthi)*, ist von rein weißer Farbe oder von der Farbe des Vollmondes. Bindu (Samen), Nada (Urton) und Shakti (Kraft) liegen in diesem Chakra, das der höheren Welt *(tapo loka)* entspricht. Im physischen Körper ist das entsprechende Zentrum der Plexus cavernosus.

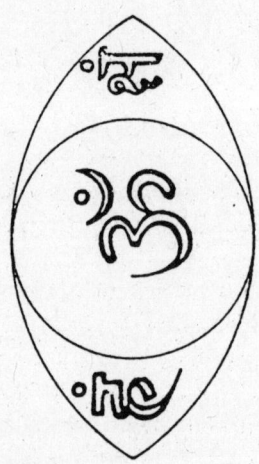

Wer sich auf dieses Chakra konzentriert, zerstört alles Karma aus vergangenen Leben. Deshalb sind die Wohltaten solcher Meditation, die den Yogi zum Jivanmukti, zu einem im Leben befreiten macht, unbeschreiblich bedeutsam. Der Yogi erwirbt alle acht höheren und die zweiunddreißig niederen Siddhis. Yogis und Jnanis konzentrieren dieses Chakra auf Bijakshara Pranava. Man nennt diese Konzentration auf den Raum zwischen beiden Augenbrauen Brumadhya Drishti. Über dieses wichtige Chakra werden mehr Einzelheiten in den folgenden Kapiteln gegeben werden.

Das Gehirn

Die Nervensubstanz des Gehirns bildet den Hauptteil des ganzen Nervensystems. Das Nervengewebe besteht aus grauer und weißer Gehirnmasse, die den ganzen Schädel ausfüllt, der das Gehirn umschließt. Das Gehirn wird von dünnen Häutchen *(meninges)* umgeben, von denen man die folgenden unterscheidet: 1. dura Mater, fibröses verbindendes Gewebe an den Seiten der Schädelknochen; 2. pia Mater, die weiche Hirnhaut, die der Oberfläche des Gehirns direkt aufliegt und ein Netzwerk von Blutgefäßen besitzt, die in alle Teile des Gehirns eindringen und es ernähren; 3. Trachnoiden, eine sehr feine Haut, die das Gehirn umgibt. Unter dieser liegt ein Raum, der die cerebrospinale Flüssigkeit enthält, den Schutz gegen etwaige Gehirnverletzungen. Das Gehirn scheint in dieser Flüssigkeit zu schwimmen.

Zum genaueren Studium können wir das Gehirn in vier Abteilungen einteilen:

1. Das Großhirn. Es ist der ovalförmige, größere Vorderteil des Gehirns und liegt im oberen Teil der Schädelhöhle. Es enthält die wichtigsten Zentren des Gehörs, der Sprache, des Sehens usw. Im Großhirn liegt auch die Zirbeldrüse, die als Sitz der Seele angesehen wird und die eine wichtige Rolle im Samadhi und bei psychischen Vorgängen spielt.

2. Das Kleinhirn. Es ist das kleinste Hinterhirn, ein wichtiger Teil des Gehirns, der länglich geformt, gerade oberhalb der vierten Hirnhöhle liegt, unter und hinter dem Großhirn. Bei ihm befindet sich die graue Masse über der weißen. Das

Kleinhirn bewirkt das Zusammenspiel der Muskeln. In ihm ruht das Bewußtsein während des Schlafes.

3. Pons Varolii: Es ist die Brücke, die vor der Medulla oblongata liegt. Sie besteht aus weißen und grauen Fasern, die von Kleinhirn und Medulla oblongata ausgehen und stellt eine Verbindung von beiden und zum Großhirn dar.

4. Die Medulla oblongata. Sie ist der Anfang des Rückenmarks in der Schädelhöhle, dort, wo diese länglich und geräumig ist, und liegt zwischen den beiden Gehirnhälften. Die weiße Masse überlagert die graue. In ihr befinden sich die Zentren der wichtigsten Funktionen, wie Blutkreislauf, Atmung usw., so daß dieser Teil sehr sorgsam behütet werden muß.

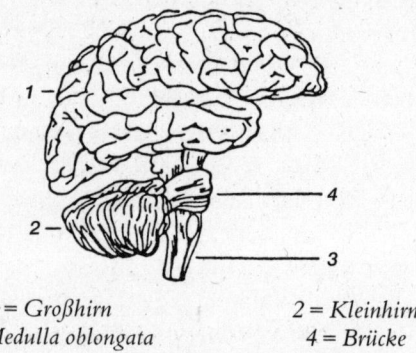

1 = Großhirn   2 = Kleinhirn
3 = Medulla oblongata   4 = Brücke

Das Gehirn hat vier Ventrikel; das vierte ist das wichtigste. In ihm liegt die Medulla oblongata. Es ist die Verlängerung des Zentralkanals des Rückenmarks, nachdem dieser in die Schädelhöhle eingetreten ist und sich hier ausgeweitet hat.

Jeder Nerv des Körpers steht in enger Verbindung mit dem Gehirn. Die zwölf Kopfhautnervenpaare führen von beiden Gehirnhälften aus durch Öffnungen an der Schädelbasis zu den verschiedenen Teilen des Körpers. Es sind dies die Nerven des Geschmacks, des Geruchs, des Gehörs und des Gesichts, die Nerven oculomotorius, patheticus, facialis, abducens, glossopharyngei, pneumogastricus, spinales und hypoglossus.

»Brahmarandhra«, auch als »Dasamadwara«, die zehnte Tür bekannt, heißt Höhle Brahmas. Dieser Hohlraum im Scheitelpunkt des Kopfes, der der Fontanelle des Neugeborenen entspricht, ist die Behausung der menschlichen Seele. Er liegt zwischen Scheitelbeinen und Hinterhauptbein und ist beim Neugeborenen sehr weich. Beim Heranwachsen des Kindes wird die Fontanelle durch das Wachstum der Schädelknochen ausgefüllt. In manchen Upanishaden heißt es, daß Brahma den physischen Körper schuf, um selbst in ihn einzugehen *(pravesh)* und ihn von innen durch Brahmarandhra zu erleuchten. Brahmarandhra ist sehr wichtig, besonders für die abstrakte Meditation *(nirguna dhyana)*. Wenn sich der Yogi im Tode vom physischen Körper trennt, bricht Brahmarandhra auf und Prana entweicht durch diese Öffnung *(kapala moksha)*. »Einhundertundeinen Nerven des Herzens gibt es. Einer *(sushumna)* ist bis in den Kopf gedrungen. Steigt man mit ihm auf, erlangt man Unsterblichkeit« (Kathopanishad).

Sahasrara-Chakra

Sahasrara-Chakra, die Behausung des Gottes Shiva, entspricht dem Satya Loka am Scheitelpunkt des Kopfes. Ist Kundalini mit dem Gott Shiva im Sahasrara-Chakra vereint, erfährt der Yogi höchste Glückseligkeit *(param ananda)*, Überbewußtsein und höchste Erkenntnis. Er wird ein Brahmavidvarishta, ein vollkommener Jnani.

Dieses Chakra, dessen entsprechendes Zentrum im physischen Körper das Gehirn ist, hat, wie der Name Sahasradala Padma besagt, tausend Blütenblätter, das heißt: tausend Yoga-Nadis gehen von diesem Zentrum aus. Wenn auch über die genaue Zahl Meinungsverschiedenheiten herrschen, so muß die Feststellung genügen, daß die Yoga-Nadis unzählig sind. Alle fünfzig Buchstaben des Sanskrit-Alphabets werden auf den Blü-

CHAKRAS Padma, Lotusblumen des Astralkörpers	MULADHARA oder ADHARA-CHAKRA	SWADHISHTANA
Entsprechendes Nervengeflecht im phys. Körper	Plexus sacralis–coccygeus	Plexus prostraticus
Lage	unter Kanda zwischen der Wurzel der Genitalien und dem After. Am Ende der Wirbelsäule	am Ursprung (Linga) der Zeugungsorgane. Zwischen Muladhara und Manipura Chakra
Blütenblätter oder Anzahl der Yoga Nadis	4	6
Buchstaben auf den Blütenblättern oder Schwingungen der Yoga Nadis		
Mandala oder Element (Tattwa)	Prithvi (Bhu-Mandala) Erde	Apas (Jala Mandala) Wasser
Form des Mandala	Viereck	Aufsteigender Mond
Farbe der Elemente	gelb	weiß
Funktion der Tattwas	Gandha–Geruch	Rasa–Geschmack
Vorherrschende Gottheit	Ganesha	Brahma
Göttin	Dakini	Rakini
Deva oder Tattwa	Prithvi	Varuna
Bija Akshara Entsprechende Orte	Bhu Loka	Bhuvar Loka
Granthi Sthan	Brahma Granthi	

MANIPURA	ANAHATA	VISHUDDHA	AJNA
Plexus solaris	Plexus cardiacus	Plexus laryngus	Plexus cavernosus
am Nabel (Nabhi Sthana)	am Herz	am Halsschlund (Katha-Mula Sthana)	zwischen den Augenbrauen (Bhru Madhya)
10	12	16	2
Agni (Teja Mandala) Feuer	Vayu Mandala Luft	Akasa Mandala Äther	Manas Bewußtsein
Dreieck	Sechseck	rund	rund
rot	dunstig·	blau	
Rupa-Sicht	Sparsha-Gefühl	Shabdha-Gehör	Sankalpa Vikalpa-Gedanke
Vishnu	Isha oder Hamsa	Sadasiva	Paramasiva oder Shambho
Lakini	Kakini	Shakini	Hakini
Agni			
Swa oder Swarga Loka	Makara Loka	Jana oder Janaka Loka	Tapo Loka
	Vishnu		Rudra

tenblättern wieder und wieder dargestellt. Sie bezeichnen die Schwingungen, die von den Nadis ausgehen.

Der Ausdruck: Sechs Chakras *(shat chakra)* bezieht sich nur auf die Muladhara Swadhishtana, Manipura, Anahata, Vishuddha und Ajna-Chakras. Über diesen allen liegt das Sahasrara-Chakra, das wichtigste von allen, mit dem die anderen Chakra in enger Beziehung stehen. Darum ist es nicht in diese miteinbezogen, sondern steht über ihnen allen.

Lalna-Chakra

Das Lalna-Chakra liegt in dem Raum über dem Ajna und unter dem Sahasrara-Chakra. Von diesem Zentrum gehen zwölf Yoga-Nadis aus. Die Schwingungen dieser zwölf Nadis werden von den Sanskrit-Buchstaben Na, Sa *(palatal)*, Ksha, Ma, La, Va, Ra, Ja, Ha, Sa *(cerebral)*, Khan und Phrem dargestellt. Om ist sein Bija. In diesem Zentrum, das die zwölf Nervenpaare, die vom Gehirn aus zu den verschiedenen Sinnesorganen hinführen, beherrscht, konzentriert sich der Schüler auf die Gestalt seines Gurus.

Allgemeines über Chakras

Der Schüler sollte alle reinen Eigenschaften *(sattva)* besitzen und frei von Unreinheiten sein. Satsanga (Umgang mit Weisen), Abgeschlossenheit, Diät, gutes Benehmen, guter Charakter, Keuschheit *(brachmacharya)*, Entsagung *(vairagya)* usw. bilden die strenge Basis des Yoga-Lebens. Die Hilfe eines Gurus, der den Pfad schon gegangen ist, ist absolut notwendig, um schnellen Erfolg auf dem geistigen Weg zu erlangen. Orte mit kühlem, gemäßigtem Klima sind nötig für die geistige Übung *(yoga abhyasa)*

Nadis sind die astralen *(sushumna)* Kanäle, durch die Prana, die Lebensenergie, in die verschiedenen Teile des Körpers einfließt. Ida, Pingala und Sushumna sind die wichtigsten der unzähligen Nadis. Alle entspringen in Kanda, der Quelle, die zwischen der Wurzel der Zeugungsorgane und dem After liegt. Sushumna Nadi liegt in der Wirbelsäule, im Kanal des Rückenmarks. Im Sushumna Nadi befindet sich ein Nadi, das Vajra genannt wird. In diesem ist ein kleiner Kanal, Chitra Nadi, auch Brahmanadi genannt, enthalten. Erwacht Kundalini, so steigt sie durch diesen Kanal auf. Die Sukshma-Zentren lassen sich nicht durch Experimente feststellen. Aber ohne diese subtilen Zentren kann der grobe, physische Körper nicht existieren und funktionieren. Wenn Kundalini von einem zum anderen Chakra aufsteigt, öffnet sich eine Stufe des Bewußtseins nach der anderen, und der Schüler tritt in die höheren Bewußtseinszustände ein.

Die geheimnisvolle Kundalini

Manastwam Vyomatwam Maruda si Marutsaradi rasitwam Apastwam Bhumistvwayiparinatayam na hi param, Twamewa Swatmanam parinamayitum viswavapusha Chitanandakaram haramahishi bhavena bibhrushe!

»O Devi! Du bist Geist, Himmel, Luft, Feuer, Wasser, Erde! Nichts ist außer dir oder deiner verwandelten Gestalt. Du bist Shivas geheiligte Königin geworden, damit du deine eigene segensreiche Gestalt in die formgewordene Welt verwandelst.«

Kundalini, die Schlangenkraft oder das mystische Feuer, ist die Urenergie, Shakti, die schlafend im Muladhara-Chakra, dem Zentrum des Körpers, liegt. Sie wird wegen ihrer Schlangengestalt Schlangen- oder Ringkraft genannt. Es ist eine elektrische, feurige, okkulte Kraft, die große ursprüngliche Kraft, die aller organischen und unorganischen Materie zugrunde liegt.

Kundalini stellt die kosmische Energie im individuellen Körper dar. Sie ist keine materielle Kraft wie Elektrizität, Magnetismus, keine zentripetale noch zentrifugale Kraft, sondern eine geistige *(shakti)* oder kosmische Kraft. In Wirklichkeit besitzt sie keine Gestalt. Bewußtsein und grober Intellekt *(sthula buddhi)* aber verlangen eine bestimmte grobstoffliche Form, von der aus sie die formlose, subtile Kundalini leichter verstehen können. Prana (Lebenskraft), Ahamkar (Egoismus), Buddhi (Intellekt), Indriyas (Sinneswahrnehmungen), Manas (Bewußtsein), die fünf groben Elemente und die Nerven sind Produkte der Kundalini.

Zusammengerollt schläft die göttliche Shakti in allen Wesen. Im Muladhara-Chakra liegt Swayambu Linga (Zeichen). Der Kopf dieses Zeichens ist die Stelle, an der Sushumna Nadi (der astrale Kanal der Wirbelsäule) an die Wurzel *(kanda)* gebunden ist. Die geheimnisvolle Kundalini liegt mit nach unten gerichtetem Gesicht am Beginn von Sushumna Nadi auf dem Kopf der Swayambu Linga. Sie hat, einer Schlange gleich, drei und eine halbe Windung. Wird sie erweckt, gibt sie einen zischenden Laut von sich wie eine Schlange, die mit einem Stock geschlagen wird und steigt innerhalb der Sushumna durch Brahma Nadi, auch Chitra Nadi genannt, zu den anderen Chakras auf. Darum heißt Kundalini auch Bhujangini (Schlangenkraft). Die drei Windungen stellen die drei Gunas der Prakriti (Qualitäten der Materie) dar: Sattva (Reinheit), Rajas (Bewegung) und Tamas (Trägheit). Die halbe Windung stellt die Veränderung der Materie *(prakriti)*, die Virkritis, dar.

Kundalini ist die Göttin der Rede, die von allen gepriesen wird. Den Yogi, der sie erweckt, führt sie zur Erleuchtung. Sie verleiht Glückseligkeit *(mukti)* und Weisheit *(jnana)*, da sie selbst beides ist. Sie wird auch Sarawati genannt, da sie die Gestalt von Shabdha Brahma ist. Sie ist reine Erkenntnis, Brahma, Prana, Shakti, die höchste Kraft, die Mutter des Prana, Agni, Bindu und Nada. Durch Shakti besteht die Welt. In ihr sind Schöpfung, Bewahrung, Auflösung. Durch ihre Energie wird die Welt erhalten. Wirkt ihre göttliche Kraft *(shakti)* auf das subtile Prana ein, wird der mystische Ton *(nada)* hervorgebracht. Läßt man einen ununterbrochenen Ton erklingen oder den Gesang von Dheerga Pranava *(om)*, vermag man deutlich zu spüren, daß die Schwingung vom Muladhara-Chakra ausgeht. Vibration dieses Nadis setzt alle Teile des Körpers in Wirksamkeit und erhält die individuelle Seele mit Hilfe des subtilen Pranas. Bei jeder geistigen Schulung *(sadhana)* wird die Göttin Kundalini in der einen oder anderen Form Gegenstand der Verehrung sein.

Kundalini besteht in Verbindung mit dem subtilen Prana, das wieder in Verbindung steht mit den feinstofflichen Nadis und Chakras. Die subtilen Nadis sind mit dem Bewußtsein verbunden, das durch den ganzen Körper wirkt. In jeder Zelle des Körpers ist Bewußtsein. Prana ist die wirkende, dynamische Kraft des Körpers. Die statische Kraft wird durch Pranayama (Atembeherrschung) und andere Yogaübungen wirksam und dynamisch. Diese beiden Funktionen, die statische und dynamische, werden das »Schlafen« und das »Erwachen« der Kundalini genannt,

Drittes Kapitel

PRAXIS DES KUNDALINI-YOGA

Erwecken der Kundalini

Ehe man den Versuch wagt, Kundalini zu erwecken, sollte man ganz wunschlos und voller Entsagung *(vairagya)* sein. Denn sie erwacht nur, wenn der Mensch sich über Kama (Begierde), Krodha (Zorn), Lobha (Gier), Moha (Täuschung), Mada (Stolz) und andere Unreinheiten erhebt, wenn er über die Begierden der Sinne hinauswächst. Besitzt der Yogi ein reines Herz, ist er frei von Leidenschaften und Begierden, wird er durch das Erwachen der Kundalini gesegnet. Versucht ein Mensch voller Unreinheiten Shakti gewaltsam zu erwecken, indem er Asanas (Stellungen), Pranayama (Beherrschung des Atems) und Mudras (Handhaltungen) ausführt, wird er Schaden erleiden und zurückfallen. Er wird nicht imstande sein, die Leiter des Yoga aufzusteigen. Verfehlt ein Schüler den geistigen Weg oder erkrankt er körperlich, so ist Grund und Fehler nicht im Yoga zu suchen. Voraussetzung für den Erfolg ist vor allem Reinheit, ferner gründliche Kenntnis des Sadhana, ein richtiger Lehrer und regelmäßige, immer verstärkte Übungen. Das Erwecken der Kundalini schafft viele Versuchungen. Ein Schüler *(sadhak)*, der nicht rein ist, wird nicht die Kraft haben, ihnen zu widerstehen.

Eingehende Kenntnis der Theorie ist ebenso wesentlich wie die Übung. Manche meinen, Theorie sei überhaupt nicht notwendig und führen einige seltene Beispiele an, bei denen Kundalini erweckt wurde ohne irgendeine Kenntnis von Nadis, Chakras und Kundalini. Dies kann durch die Gnade eines Gurus oder durch bloßen Zufall geschehen. Aber nicht jeder kann dies erwarten und deshalb die theoretische Seite außer Acht lassen. Das Beispiel eines Menschen, in dem Kundalini durch die Gnade des Gurus erweckt wurde, darf nicht Anlaß für den Schüler sein, selbst die praktische Seite zu vernachlässigen und seine Zeit damit zu vergeuden, von einem Guru zum anderen zu gehen. Eine klare Kenntnis der Theorie und ununterbrochene Übungen werden das gewünschte Ziel bald erreichen lassen.

Kundalini kann vom Hatha-Yogi durch Pranayama, Asanas und Mudras erweckt werden; vom Raja-Yogi durch Konzentration und Gedankenübungen; vom Bhakta-Yogi durch Hingabe und vollkommene Selbstunterwerfung; vom Jnana-Yogi durch analysierenden Willen; vom Tantrik-Yogi durch Mantrams, auch durch die Gnade des Gurus *(guru kripa)*, durch Berührung, Schau oder reine Einbildung *(sankalpa)*. Der Aufstieg der Kundalini und ihre Vereinigung mit Shiva im Sahasrara-Chakra bewirkt den Zustand des Samadhi und der Befreiung *(mukti)*. Ohne Erwachen der Kundalini ist kein Samadhi möglich.

Für einige Auserwählte genügt jede der oben erwähnten Methoden, um Kundalini zu erwecken. Viele werden jedoch mehrere der Methoden miteinander verbinden. Dies hängt von dem Grad der geistigen Entwicklung ab. Der Guru kennt die wirkliche Stellung des Schülers und wird ihm die geeignete Methode angeben, die in kurzer Zeit zum Erwecken der Kundalini führt, ähnlich wie der Arzt dem Kranken die richtige Medizin zur Heilung seiner Krankheit verschreibt. Nicht dieselbe Medizin wird die gleiche Krankheit verschiedener Patienten heilen. Ebenso wird eine Art geistiger Schulung *(sadhana)* nicht für alle geeignet sein.

Es gibt heute viele Menschen, die sich törichterweise einbilden, zur Reinheit gelangt zu sein, und die sich irrtümlich eine bestimmte Methode aussuchen, andere wichtige Übungen aber auslassen. Es sind arme Seelen, die in Selbsttäuschung leben und die in ihrer Anmaßung nach eigenem Gutdünken Übungen auswählen und diese nur unregelmäßig ausführen, um sie gleich wieder aufzugeben, sobald sie in Schwierigkeiten geraten.

Nach dem Erwecken der Kundalini steigt Prana zugleich mit dem Bewußtsein und dem göttlichen Feuer *(agni)* durch Brahma Nadi aufwärts. Durch bestimmte Übungen wie Mahabheda, Shakti Chalan usw. muß Prana zum Sahasrara-Chakra hinaufgeführt werden. Dann durchbricht Kundalini das Muladhara-Chakra *(bheda)* und steigt durch die verschiedenen Chakras zum Sahasrara-Chakra auf. Berührt Kundalini auf ihrem Weg ein Chakra, wird dort intensive Hitze erzeugt. Verläßt sie dieses Zentrum wieder, um ein anderes Chakra zu erreichen, wird das verlassene kalt und leblos.

Freisein von Ärger, Begierde, Zorn und Haß, Besitz eines ausgeglichenen Geistes, kosmischer Liebe, astrale Schau, höchste Furchtlosigkeit, Begierdelosigkeit, göttliche Kräfte *(siddhis)*, Begeisterung und geistige Seligkeit *(ananda)* sind die Zeichen, die das Erwachen der Kundalini verkünden. Solange sie schläft, ist sich der Mensch der Welt und seiner Umgebung vollkommen bewußt. Ist sie erwacht, stirbt für ihn die Welt ab, und er besitzt kein Körperbewußtsein mehr. Er gelangt in den Zustand der Bewußtlosigkeit *(unmani)*. Steigt Kundalini von einem Chakra zum anderen auf, so öffnet sich das geistige Bewußtsein Stufe für Stufe, und der Yogi erlangt geistige Kräfte. Er wird Herr über die fünf Elemente. Hat Kundalini das Sahasrara-Chakra erreicht, ist er in den Raum der Weisheit *(chitakasa)* eingetreten.

Viele mißverstehen das Erwachen der Kundalini Shakti, ihre Vereinigung mit Shiva, den Genuß von Nektar und andere

Funktionen des Kundalini-Yoga, die in den heiligen Büchern *(shastras)* beschrieben sind, weil sie diese wörtlich nehmen. Sie halten sich selbst für Shiva und die Frauen für Shakti und meinen, eine rein sexuelle Verbindung sei das Ziel des Kundalini-Yoga. Falsche Auslegung der Yogatexte veranlassen sie, ihren Frauen Blumen und Verehrung darzubringen zugleich mit lustvollen Gedanken. Auch die Bezeichnung »göttlicher Rausch durch Trinken des Nektar« wird mißverstanden. Man nimmt Wein und andere Rauschgetränke zu sich und glaubt, göttliche Ekstase zu genießen. Unwissenheit und Irrtum ist dies, denn eine solche Art der Verehrung und Vereinigung bedeutet keineswegs Kundalini-Yoga, sondern Konzentration auf sexuelle Zentren und Zerstörung der eigenen Kraft. Törichte Schüler üben einige Tage lang ein oder zwei Asanas, Mudras und ein wenig Pranayama und meinen, Kundalini steige nun zu ihrem Scheitel auf. Sie gebärden sich wie große Yogi und sind nichts anderes als beklagenswerte, sich selbst täuschende Seelen.

Selbst ein Vedanta-Anhänger (ein Schüler des Jnana-Yoga) kann Jnana Nishta (Festigkeit der Gedanken) nur durch Erwecken der Kundalini Shakti erlangen, die im Muladhara-Chakra schläft. Kein Zustand des Überbewußtseins, kein Samadhi ist möglich, ohne Erweckung dieser Urkraft, weder im Raja- noch im Bhakti-, Hatha- oder Jnana-Yoga.

Es ist leicht, Kundalini zu erwecken, doch sehr schwer, sie durch die verschiedenen Chakras bis zum Sahasrara-Chakra hinaufzuführen. Sehr viel Geduld, Ausdauer, Reinheit und ununterbrochene Übung sind hierzu notwendig. Meist hören Yoga-Schüler aus falscher Befriedigung *(tushti)* auf halbem Weg auf und bilden sich ein, das Ziel erreicht zu haben, sobald sie einige mystische Erfahrungen und psychische Kräfte erlangt haben. Sie suchen diese Kräfte der Öffentlichkeit vorzuführen, um Ruhm *(kyati)* und Geld zu erlangen. Dies ist ein trauriger Fehler, denn nur vollkommene Selbstverwirklichung führt zur endgültigen Befreiung, zum vollkommenen Frieden und zu höchster Glückseligkeit.

Die verschiedenen Methoden zur Erweckung von Kundalini durch Hatha-, Bhakti-, Raja- und Jnana-Yoga sollen nacheinander beschrieben werden, da mancher Schüler nicht durch eine Methode allein Vollkommenheit erreichen wird, sondern die meisten einer harmonischen Verbindung verschiedener Methoden bedürfen. Von den verschiedenen Übungen zum Erwecken der Kundalini, die im nachstehenden beschrieben werden, wird der Verständige bei sorgsamer Durchsicht leicht die richtige Art seiner geistigen Schulung *(sadhana)* herausfinden und darin erfolgreich sein.

Kundalini darf nur erweckt werden, wenn zuvor Reinheit des Körpers *(deha shuddhi)*, Reinheit der Nadis *(nadi shuddhi)*, Reinheit des Denkens *(mano shuddhi)* und Reinheit des Geistes *(buddhi shuddhi)* erworben sind. Die nachstehenden sechs Übungen dienen der Reinigung des Körpers: Es sind Dhauti, Basti, Neti, Nauli, Tratak und Kapalabhati, bekannt als Shat Karma oder die sechs reinigenden Übungen des Hatha-Yoga.

Reinigungsübungen

Dhauti

Es gibt zweierlei Reinigung: Antar Dhauti (innere Reinigung) und Bahi Dhauti (äußere Reinigung). Antar Dhauti kann auf dreierlei Weise geschehen. Tauche ein feines Stück Musselin, mit Seife sauber gewaschen, etwa 8 cm breit und eineinhalb Meter lang, dessen Enden gut vernäht und ohne Ausfransung sind, in lauwarmes Wasser, wringe es aus und schlucke das eine Ende langsam herunter. Am ersten Tag verschlucke es nur ein wenig und behalte es nur einige Sekunden in dir, ehe du es langsam wieder herausziehst. Am folgenden Tag schlucke es ein wenig weiter herunter und behalte es einige Minuten in dir. So wirst du nach und nach die ganze Länge schlucken, das Tuch

etwa fünf Minuten in dir behalten und es dann wieder heraus-
ziehen. Nach der Übung trinke eine Tasse Milch.

Man sollte diese Übung am besten morgens mit leerem Magen ausführen. Es ist aber nicht notwendig, dies täglich zu tun.
Einmal in vier Tagen oder in einer Woche genügt. Wird die
Übung langsam ausgeführt, ist sie völlig gefahrlos, auch wenn
man bei den ersten Versuchen ein leichtes Gefühl des Erbrechens
empfindet. Nach Beendigung der Übung muß das Tuch wieder
mit Seife gewaschen und gereinigt werden. Dies ist eine ausgezeichnete Übung für alle, die von schlaffer und phlegmatischer
Konstitution sind. Allmähliche und regelmäßige Übung heilt
Magenentzündung, schlechte Verdauung, Magen- und Milz-
erkrankungen und schlechte Funktion von Schleim und Galle.
Man nennt diese Übung auch Vastra Dhauti, eine Abart des
Antar Dhauti.

Es gibt Menschen, die eine Menge Wasser trinken und sofort
durch den After hinauslassen müssen. Diese sehr wirksame
Methode wird Varisara Dhauti oder »Sang Pachar Kriya« genannt. Die große Mehrzahl der Menschen aber vermag sie nicht
auszuführen. Nauli und Uddiyana Bandha (Rotieren des Bauches und Heben des Zwerchfells) müssen miteinander verbunden werden, um dies zu erreichen. Dann kann selbst Zigaretten-
rauch durch den After hinausgelassen werden.

Trink eine große Menge Wasser und bewege die Bauchgegend hin und her. Ziehe dann den Magen zusammen und brich
das Wasser wieder aus. Diese Übung heißt Kunjar Kriya und
dient ebenfalls der Reinigung.

Auch durch Hinunterschlucken von Luft kann man die innere
Reinigung vollbringen. Hierzu füllt man durch Herunter-
schlucken den Magen und den Darm mit Luft, ebenso wie man
Nahrung Stück für Stück verschluckt. Aber man wird dazu der
Anleitung eines Kundigen bedürfen. Wer den Magen mit Luft
zu füllen vermag, kann wie ein Leichnam auf dem Wasser
liegen. Er kann auch einige Tage ohne Nahrung, allein von Luft
und Wasser, leben. Wer Antar Dhauti ausführen vermag,

braucht keine Abführmittel zu nehmen und wird niemals an Verstopfung leiden.

Es gibt noch andere Dhautis, wie Danta Dhauti (Reinigung der Zähne), Jihva Dhauti (Reinigung der Zunge), Karna Dhauti (Reinigung der Ohren), Mula Sadhana Dhauti (Reinigung des Afters), die täglich ausgeführt werden sollten. Dies bedarf wohl keiner weiteren Erklärung.

Basti

Die Basti-Übung ersetzt die Verwendung eines Klistiers und soll die Ansammlung von Kot aus dem Darmkanal entfernen. Es gibt zwei Arten: Sthala Basti und Jala Basti.

Sthala Basti: Setze dich auf die Erde und fasse deine Zehenspitzen mit den Fingern, ohne dabei die Knie zu beugen. Es ist die gleiche Übung wie Paschimottanasana, nur braucht der Kopf nicht auf die Knie herabgebogen zu werden. In dieser Stellung müssen die Bauchmuskeln ruckartig bewegt und die Schließmuskeln mit einer herabziehenden Bewegung langsam zusammengezogen werden.

Jala Basti: Diese Übung ist wirkungsvoller als Sthala Basti. In einem Faß, das bis zu Kniehöhe mit Wasser gefüllt ist, in Utkatasana-Stellung sitzend, führt man ein kleines, etwa fünf Zentimeter langes Bambusrohr, dessen Ende mit Vaseline, Öl oder Seife eingerieben ist, etwa zwei bis drei Zentimeter in den After ein. Dann ziehe man den After zusammen, lasse das Wasser langsam in den Darm eindringen, bewege die Bauchmuskeln und drücke das Wasser wieder hinaus. Diese Übung wird Erkrankungen der Harnblase, Wassersucht und Verstopfung heilen. Sie sollte aber nicht täglich, sondern nur gelegentlich ausgeführt werden, am besten morgens vor dem Frühstück. Man kann selbstverständlich auch ein gewöhnliches Klistier benutzen; mit Hilfe des Bambusrohres aber lernt man, das Wasser durch den After hochzuziehen und die Darmmuskeln zu beherrschen, indem man das Wasser nach Belieben einzieht und hinausdrückt, während das Klistier das Wasser mit Hilfe der Luft einführt. Das ist der einzige Unterschied, denn der Erfolg ist in beiden Fällen der gleiche.

Neti

Neti dient der sehr wichtigen Reinigung der Nasenlöcher, denn unsaubere Nasenlöcher führen zu unregelmäßigem Atmen und damit zu Krankheiten.

Man führt einen feinen, etwa dreißig Zentimeter langen knotenlosen Faden, der aber nicht zu dünn und schwach sein darf, mit dem einen Ende in das rechte Nasenloch ein und hält das andere Ende fest. Durch ein heftiges, ununterbrochenes Einatmen zieht man den Faden ein und dann langsam mit dem anderen Ende wieder heraus. Auf gleiche Weise führt man ihn in das linke Nasenloch ein und zieht ihn wieder heraus. Die Nasenlöcher dürfen nicht durch zu heftiges Ziehen verletzt werden. Nach einiger Übung kann der Faden in das eine Nasenloch eingeführt und durch das andere wieder herausgezogen werden. Zuerst wird man stark niesen, wenn man den Faden in die Nase einzieht. Nach drei bis vier Versuchen aber läßt dies nach. Dies Übung sollte vor allem ausgeführt werden, wenn die Nase durch Schnupfen verstopft ist.

Es gibt noch eine andere leichte Art, die Nase zu reinigen. Man zieht kaltes Wasser aus der Hand langsam in die Nase ein und preßt es mit aller Kraft wieder durch die Nase hinaus. Viele können dies mit großer Leichtigkeit ausführen. Einige mögen nach den ersten Versuchen eine leichte Erkältung bekommen, die sie nicht abschrecken sollte.

Viele ziehen den Rauch der Zigarette durch den Mund ein und lassen ihn durch die Nase wieder heraus. Sie können auch den Rauch durch ein Nasenloch einziehen und durch das andere oder durch den Mund hinauslassen. Ebenso leicht kann das Wasser ein- und ausgeführt werden.

Das Wasser durch die Nase einziehen und hinauslassen, heißt

Seet-Krama. Das Einziehen des Wassers durch die Nase und Hinauslassen durch den Mund heißt »Vyut-Krama«. Es heißt, daß diese Übung *(neti kriya)* den Schädel reinigt und Hellsehen ermöglicht *(divya drishti)*. Auch Entzündung der Nasenschleimhäute und Nasenkatarrh wird durch diese Übung geheilt.

Nauli

Nauli Kriya dient der Regeneration, Kräftigung und Anregung der Eingeweide, besonders des Magen-Eingeweidetraktes oder des Ernährungssystems. Die Kenntnis der Uddiyana Bandha-Übung ist hierfür notwendige Voraussetzung. Während aber Uddiyana auch im Sitzen ausgeführt werden kann, wird Nauli im allgemeinen stehend geübt.

1. Stufe: Atme mit aller Gewalt durch den Mund aus und leere die Lungen vollkommen. Ziehe die Bauchmuskeln zusammen und drücke sie gewaltsam nach hinten. Das ist Uddiyana Bandha, die erste Stufe von Nauli.

Für die Übung von Nauli muß man das rechte Bein einen Fuß vom linken entfernt hinstellen, da man bei einer zu engen Stellung leicht das Gleichgewicht verlieren und hinfallen kann. Die Hände sollen auf die Oberschenkel gelegt werden, so daß der Rücken sich ein klein wenig nach vorn beugt. Dann führt man Uddiyana Bandha aus. Hat man diese Übung eine Woche lange gemacht, kann man zur nächsten übergehen.

2. Stufe: Man läßt die Bauchmitte unbewegt und zieht nur die Muskeln der linken und rechten Bauchseite vertikal nach der Mitte zusammen. Dies heißt Madhyama Nauli. Diese Zusammenziehung der Muskeln soll man solange beibehalten, als es kein Unbehagen hervorruft. Die Übung ist nur einige Tage lang auszuführen.

3. Stufe: Man zieht nur die rechte Seite des Bauches zusammen und läßt die linke locker. Dann verschieben sich die Muskeln auf die linke Seite. Diese Übung heißt Vamana Nauli. Nun zieht man die Muskeln der linken Seite zusammen und läßt die

rechte frei: Dakshina Nauli. Durch diese Übungen lernt man allmählich das Zusammenziehen der Bauchmuskeln in der Mitte und auf beiden Seiten. Man kann sie auch von einer Seite zur anderen bewegen. Diese Übung soll man eine Woche lang ausführen.

4. Stufe: Man zieht die Bauchmuskeln in der Mitte zusammen und bringt sie langsam in eine kreisende Bewegung nach rechts und links. Nach mehrmaliger Durchführung von rechts nach links macht man die Übung im umgekehrten Sinn von links nach rechts. Die Muskeln müssen langsam und kreisend bewegt werden. Nur allmählich darf die Bewegung beschleunigt werden. Den besten Erfolg aber bringt ein langsames, allmähliches Ausführen der Übung.

Zu Beginn werden die Bauchmuskeln leicht schmerzen. Der Schüler sollte dies nicht fürchten und nicht in der Übung nachlassen, da der Schmerz nach zwei bis drei Tagen aufhören wird. Wenn man sieht, wie Nauli von erfahrenen Yoga-Schülern ausgeführt wird, ist man durch den Eindruck der Bauchmuskelbewegungen äußerst überrascht. Eine Maschine scheint im Bauch am Werk zu sein.

Anfänger, die Dakshina Nauli üben wollen, sollten sich ein wenig nach links beugen, wenn sie die linken Muskeln zusammenziehen. Bei Vamana Nauli sollten sie sich ein wenig nach rechts beugen. Beim Madhyama Nauli sind durch Zusammenziehen beider Seiten alle Muskeln nach vorn zu drücken.

Menschen mit dickem Bauch können diese Übung unmöglich ausführen, denn sie haben schon Mühe, ihren eigenen Bauch zu tragen. Aber auch sie werden allmählich und langsam in der Übung voranschreiten, wenn sie sie mit harter Mühe längere Zeit üben. Mit einem zarten Körper wird man sehr leicht auf wunderschöne und wirksame Art diesen Kriya beherrschen.

Werden die Yogaübungen auf wirksame Weise und in rechter innerer Einstellung – nicht um Geldes oder Ruhmes willen – ausgeführt, vermögen sie auch die geistige Entwicklung zu fördern. Außerdem entfernt Nauli Kriya chronische Verstopfung, schlechte Verdauung und alle andern Krankheiten des Magen-Darm-Traktes. Nauli stärkt auch Leber und Pankreas und regt Nieren und andere Eingeweide zur Arbeit an. Nauli ist ein Segen für die Menschheit, ein wunderbares Allheilmittel.

Tratak

Tratak verlangt ununterbrochene Konzentration des Blickes auf einen Gegenstand oder einen Punkt, ohne mit den Augen zu blinzeln. Wenn diese Übung auch zu den sechs Reinigungsübungen gehört, so soll sie doch vor allem Konzentration erwecken, das Hingerichtetsein der Gedanken auf einen Punkt. Sie ist sehr wichtig für die Schüler des Hatha-, Jnana-, Bhakti- und Raja-Yoga, da es keine wirksamere Methode zur Gedankenbeherrschung gibt. Wenn diese Übung auch dem Hatha-Yoga zugehört, so wird sie doch von bedeutenden Jnana-Yogis wie Sri Ramana Maharishi, dem berühmten Jnana-Yogi von Thiruvannamalai, regelmäßig ausgeführt. Ein Besuch in seinem Ashram läßt dies deutlich erkennen. Sitzt er auf seinem Sofa, blickt er fest auf die Wand des Zimmers. In seinem bequemen Stuhl auf der Veranda blickt er auf die Hügel in der Ferne oder zum Himmel auf. Dies versetzt seine Gedanken in einen ausgeglichenen Zustand, so daß nichts sie zu zerstreuen vermag. Ruhig und kaltblütig läßt er sich niemals ablenken, auch nicht, wenn seine Schüler neben ihm reden und singen. Tratak-Übungen sind:

1. Stelle das Bild von Krishna, Rama, Narayana oder das Bild der Devi vor dir auf und blicke es unverwandt ohne zu blinzeln an. Zuerst blicke auf den Kopf, dann auf den Körper, später auf die Beine. Wiederhole diesen Vorgang immer von neuem. Wenn die Gedanken sich beruhigen, blicke nur noch auf eine bestimmte Stelle, bis Tränen herabfließen. Dann schließe die Augen und stelle dir das Bild in Gedanken vor.

2. Starre auf einen schwarzen Punkt auf weißer Wand oder auf

ein gemaltes schwarzes Zeichen auf weißem Papier, das vor dir aufgehängt ist.

3. Schreibe das Symbol OM auf ein Stück Papier, das du vor deinen Sitz stellst und blicke unverwandt darauf.

4. Lege dich auf eine offene Terrasse und blicke auf einen bestimmten strahlenden Stern oder auf den Vollmond. Nach einiger Zeit wirst du verschiedene Lichtfarben sehen. Noch etwas später siehst du nur noch eine bestimmte Farbe, während alle anderen Sterne verblassen. Wenn du den Mond anblickst, wird sich nur noch sein Schein gegen den schwarzen Hintergrund abheben. Bisweilen erfährst du auch den Eindruck einer großen Lichtfülle, die dich umgibt. Wird dein Blick noch intensiver, wirst du zwei oder drei Monde gleicher Größe gewahren, oder du erblickst überhaupt keinen Mond mehr, selbst nicht bei weit geöffneten Augen.

5. Suche dir am Morgen oder Abend irgendeine Stelle des Himmels aus, auf die du unverwandt blickst. Neue Eingebungen werden sich dir offenbaren.

6. Blicke in einen Spiegel auf die Pupille deiner Augen.

7. Blicke unverwandt auf den Zwischenraum zwischen deinen Augenbrauen oder auf deine Nasenspitze. Auch während des Gehens kann man den Blick auf die Nasenspitze richten.

8. Fortgeschrittene Schüler können auf die inneren Chakras blicken. Muladhara, Anahata, Ajna und Sahasrara sind die wichtigsten Zentren für diese Tratak-Übungen.

9. Zünde ein Stearinlicht an und starre auf die Flamme vor dir. Astrale Wesenheiten werden sich dir in den Flammen nahen.

10. Um starr auf die Sonne blicken zu können, bedarf der Schüler der Hilfe eines erfahrenen Lehrers. Man kann lernen, auf die aufsteigende Sonne und nach stetiger Übung auch auf die Mittagssonne zu blicken. Diese Übung verleiht besondere seelische Kräfte *(siddhis)*, ist aber nicht für jeden geeignet, während die ersten neun Übungen harmlos und für jeden zugänglich sind.

In seinem Meditationszimmer soll der Schüler die Siddhasana- oder Padmasana-Stellung einnehmen. Er kann bei der Übung auch stehen oder beim Gehen Tratak ausführen, indem er zum Beispiel auf der Straße den Blick unverwandt auf seine Nasenspitze oder auf die Zehenspitze richtet. Es gibt auch viele Menschen, die den anderen beim Sprechen nicht ansehen, sondern auf einen bestimmten Punkt hinstarren.

Fest auf einen Punkt zu blicken, nennt man Tratak. Die Augen zu schließen und sich in Gedanken ein Bild vorzustellen, ist gegenständliche Meditation *(saguna dhyana)*. Stellt der Schüler sich die Eigenschaften Gottes: Allgegenwart, Allmacht, Allwissenheit, Reinheit, Vollkommenheit usw. vor, entschwinden Name und Form eines Gegenstandes in seinem Blickfeld von selbst, und er geht in abstrakte Meditation *(nirguna dhyana)* ein.

Zu Beginn soll eine Tratak-Übung nicht länger als zwei Minuten dauern und erst allmählich ausgedehnt werden. Geduld und stetige, allmähliche Steigerung sind notwendig. Sinnlos ist es, drei volle Stunden lang auf einen Punkt zu starren, die Gedanken aber dabei umherwandern zu lassen. Nur wenn auch diese auf einen Punkt gesammelt sind, wird man Fortschritte machen und seelische Kräfte erlangen.

Wer trotz ernster Versuche keine kurze Zeitspanne den Blick auf einen Punkt fixieren kann, soll sich nicht weiter quälen, sondern seine Augen schließen und den inneren Blick auf einen vorgestellten Punkt zwischen den Augenbrauen richten. Bei schwachen Augenkapillaren kann man mit geschlossenen Augen Tratak auf irgendeinen vorgestellten Punkt im Innern oder außen ausführen. Doch die Augen dürfen nicht überanstrengt werden. Fühlst du dich ermüdet, schließe die Augen und laß die Gedanken auf dem Gegenstand des Tratak ruhen. Der Körper soll sich während der Übungen nicht bewegen.

Tratak verschärft das Sehen. Viele, die an Augenbeschwerden litten, empfingen unendliche Wohltat durch Tratak. Andererseits wird ein Überschätzen der eigenen Kräfte, zum Beispiel der Blick in die Sonne ohne Anleitung, schweren Schaden verursachen. Ein erfahrener Guru wird verlangen, daß man hierbei Öl auf dem Kopf verreibt, um den Organismus zu kühlen. Nachts sollte man Honig auf die Augen tun, wenn man in die Sonne geblickt hat.

Der Gegenstand, auf den der Blick gerichtet ist, wird sich während der Übung in einen anderen verwandeln und Visionen hervorrufen. Die Erfahrungen der Menschen sind sehr verschieden, und man wird manches nicht glauben, was andere erzählen.

Um seelische Kräfte *(siddhis)* zu erlangen, muß man die Gedanken, die beherrscht und auf einen Punkt gerichtet sind, durch vorgeschriebene Methoden auf die Erlangung höherer Kräfte ausrichten, deren Art von der besonderen Methode der Schulung abhängt. Junge Schüler, die sich große Yogi dünken, vernachlässigen weitere Übungen und fragen sich, ob dies nicht schon Befreiung *(moksha)* sei. Diese Übung allein ist nicht Moksha. Es gibt verschiedene Übungen, die zur Befreiung *(moksha)* führen. Die verschiedenen Ziele lassen sich durch verschiedene Methoden erreichen. Vernachlässigt man die Methoden und mißachtet man die geistige Schulung *(sadhana)*, wird man irregeleitet und das Ziel verlieren.

Tratak steigert die Willenskraft und konzentriert das Bewußtsein. Hellsichtigkeit, Gedankenlesen, seelische Heilung und andere Kräfte werden durch diese Übungen ohne große Mühe erlangt.

Noch einmal sei wiederholt, daß Bhakti-, Jnana-, Hatha- und Karma-Yoga keine Gegensätze darstellen und daß darum Tratak nicht vernachlässigt werden darf, nur weil es eine Hatha-Yogaübung ist.

Kapalabhati

Kapalabhati ist eine Übung, die Kopf und Lungen reinigt. Obwohl sie zu den sechs reinigenden Übungen *(shat karmas)* gehört, ist sie doch als Abart der Pranayama-Übungen anzusehen.

In Padmasana- oder Siddhasana-Stellung legt der Schüler

seine Hände auf die Knie und atmet schnell ein und aus *(purak-rechak)*. Wer Bhastrika Pranayama ausführen kann, das heißt, wer am Ende der Atmung eine Zeitlang den Atem anzuhalten vermag *(kumbhak)* (was für Kapalabhati nicht erforderlich ist), wird diese Übung leicht ausführen können. Bei Kapalabhati soll das Einatmen *(purak)* sehr lang und sanft, das Ausatmen *(rechak)* sehr stark und gewaltsam sein, während Bhastrika gleich schnelles Ein- und Ausatmen vorschreibt. Das ist der einzige Unterschied zwischen beiden. In Kapalabhati wird das Ausatmen durch Zusammenziehen der Bauchmuskeln und einem gleichzeitigen Stoß von rückwärts schnell und gewaltsam ausgeführt. Zu Beginn sollte man in einer Sekunde nur einmal ausatmen, und eine Atemübung sollte nur zehn Ausatmungen umfassen. Allmählich kann man die Ausatmung vermehren, bis man einhundertundzwanzig in einer Übung auszuführen vermag.

Diese Übung reinigt die Atem- und Nasenwege, beseitigt Spasmen in den Bronchien und heilt oder erleichtert im Lauf der Zeit Asthma. Auch Schwindsucht kann durch diese Übung geheilt, Blutkreislauf und Atemsystem beträchtlich gestärkt werden.

Shat Karmas dienen der Reinigung des Körpers, denn unreine Nadis hindern Kundalini am Aufstieg vom Muladhara zum Sahasrara-Chakra. Pranayama (Atemschulung) vermag die Reinigung der Nadis zu bewirken, verlangt aber genaue Kenntnis des Prana.

Atemschulung

Prana, die Lebenskraft

Prana ist die Gesamtsumme aller im Weltall offenbarten Energie, ist die Lebenskraft *(sukshma)*. Seine äußere Erscheinungsform ist der Atem. Durch Beherrschung des grobstofflichen Atems kann man das subtile innere Prana beherrschen. Beherrschung des Prana aber bedeutet Beherrschung des Bewußtseins, das ohne Prana nicht wirksam sein kann. Sukshma Prana (das subtile Prana) ist eng an das Bewußtsein gebunden und ergibt die Gesamtsumme der im Menschen vorhandenen und ihn umgebenden latenten Kräfte. Hitze, Licht, Elektrizität, Magnetismus sind Manifestationen des Prana. Über das Bewußtsein steht Prana in enger Beziehung zum Willen, durch diesen in Beziehung zur individuellen Seele und durch diese zum höchsten Wesen.

Sitz des Prana ist das Herz. Es gibt nur ein Prana, aber dieses eine Prana besitzt viele Funktionen. Deshalb hat man für Prana fünf Namen: Prana, Apana, Samana, Udana und Vyana, entsprechend seinen verschiedenen Funktionen und den verschiedenen Stellen, an denen es im Körper wirksam ist. Die Tafel auf Seite 101 gibt hiervon eine klare Übersicht.

Der bewußt und willensmäßig gerichtete Atem wird zur lebensspendenden, regenerierenden Kraft, die vernunftgemäß zur Selbstentwicklung und zum Heilen vieler Krankheiten eingesetzt und für andere, nützliche Zwecke angewendet werden kann. Hatha-Yogi glauben, daß Prana Tattwas den Manas Tattwas (Bewußtseinskräfte) überlegen seien, da Prana auch während des Schlafes, wenn das Bewußtsein abwesend ist, wirksam bleibt und hierdurch eine vitalere Rolle als das Bewußtsein spielen kann.

Vermag man die kleinen Wellen des Prana, die im Bewußtsein wirken, zur Ruhe zu bringen, so vermag man sich auch das Prana des Weltalls zu unterwerfen. Ein Yogi, der Erfahrung in der Erkenntnis dieses Geheimnisses erworben hat, wird keine Macht fürchten; er ist Herr geworden über alle Erscheinungen des Weltalls. Was gemeinhin unter Kraft der Persönlichkeit verstanden wird, ist nichts anderes als die natürliche Fähigkeit eines Menschen, sein Prana zu beherrschen. Wenn Menschen mächtiger, einflußreicher und faszinierender sind als andere, so verdanken sie dies Prana, das der Yogi durch seinen Willen zu beherrschen vermag.

Hat der Schüler genügend Kenntnisse vom Sitz der Nadis und Atemfunktionen *(vayus)* erlangt, sollte er die Reinigung der Nadis beginnen. Wer Yama und Niyama (äußere und innere Reinigung) vollzogen hat, wer nach Beendigung seiner Studien jeden Umgang mit Menschen meidet, wer in Wahrheit und Tugend lebt, wer seinen Zorn beherrscht, wer seinem geistigen Lehrer dient und wohl bewandert ist in allen geistigen Übungen, der sollte sich an einen einsamen Ort zum Yoga-Abhyasa (zur geistigen Übung) zurückziehen.

Wie das Aufhalten des Schwungrades der Dampfmaschine alle andern Räder einer Fabrik anhält, so vermag das Zurückhalten körperlicher Funktionen durch Anhalten des Atems das feinstoffliche psychische Prana zu beherrschen. Deshalb ist Pranayama so besonders wesentlich für die Beherrschung des Prana.

Prana ist der Mantel des Bewußtseins. Beherrschung des Prana führt zur Beherrschung des Bewußtseins und der Energie *(veerya)*, da Prana, Energie und Bewußtsein in enger Beziehung *(sambandha)* zueinander stehen. Kann man das Bewußtsein beherrschen, hört der Atem von selbst auf, und Prana kommt unter Kontrolle. Wie der physische Körper ein Nervensystem besitzt, so hat auch der astrale Körper sein Nervensystem. Sthoola-Prana heißt das Nervensystem des physischen, Sukshma-Prana das Nervensystem des astralen Körpers. Zwischen diesen beiden Pranaformen besteht eine enge Verbindung und Wechselwirkung.

Die Beherrschung des Atems kann auch die verschiedenen Körperfunktionen beeinflussen und Umstände und Charakter beherrschen. Durch Pranayama vermag man das individuelle Leben mit dem kosmischen Leben in Einklang zu bringen.

Fünf Pranas

Name	Farbe	Ort	Bereich	Funktion	Unter-Pranas
Prana	gelb	Anahata-Chakra	Brust	Atmung	1. Naga bewirkt Aufstoßen und Schlucken
Apana	orangerot	Muladhara-Chakra	After	Urin und Kot	2. Kurma bewirkt das Öffnen der Augen
Samana	grün	Manipura-Chakra	Nabel	Verdauung	3. Krikara bewirkt Hunger und Durst
Udana	blau-violett	Vishuddha-Chakra	Hals	Schlucken Führt die Seele im Schlaf zu Brahma. Trennt den physischen Körper im Tod vom astralen	4. Devadatta bewirkt Gähnen
Vyana	rosa	Swadhishtana	ganze Körper	Blutzirkulation	5. Dhanajaya bewirkt Zersetzung des Körpers

Entsprechend Konstitution, Temperament und Zweck gibt es
für den Schüler verschiedene Übungen des Pranayama: tiefes
Atmen; leichtes, angenehmes Atmen *(sukh purvak)*; Pranayama
während des Gehens bei der Meditation; rhythmisches Pranayama; Suryabeda, Ujjayi, Sitkari, Sitali, Bhastrika, Bhra-
mari, Murcha, Plavini, Kevala Kumbhak usw. Hatha-Yoga
befaßt sich nur mit den letzten Übungen.

Vor jeder Pranayama-Übung sollten die Nadis gereinigt werden, da nur dann der größte Erfolg aus den Atemübungen
gezogen werden kann. Das Reinigen der Nadis *(nadi-shuddi)*
kann mit Samanu oder ohne Nirmanu (Ausdrucksform) erfol-
gen. Für die erste Art bringt der Schüler in Padmasana- oder
Siddhasana-Stellung seine Gebete dem Guru dar und meditiert
über ihn. Über »Yang« meditierend, atmet er durch Ida sechzehn
Zeiten ein, hält den Atem vierundsechzig Zeiten an *(kumbhaka)*
und atmet durch den Sonnen-Nadi in zweiunddreißig Zeiten
wieder aus. Bei dieser Atemübung konzentriert sich der Schüler
auf ein Mantram. Feuer steigt aus dem Manipura-Chakra auf
und verbindet sich mit Prithivi (Erde). Nach dieser Übung folgt
Einatmen durch den Sonnen-Nadi in sechzehn Zeiten, Anhalten
des Atems mit vierundsechzig Zeiten und Ausatmen durch den
Mond-Nadi mit zweiunddreißig Zeiten. Japam richtet sich
während dieser Übung auf die Bildekräfte *(bija)* des Feuers.
Dann folgt die Meditation auf den Glanz des Mondes, indem
man auf die Nasenspitze blickt und mit Japam auf Bija »Thang«
durch Ida sechzehn Zeiten den Atem anhält und sich einbildet,
daß Nektar einströme und die Nadis reinige. Dann atmet man
durch Pingala mit zweiunddreißig Zeiten aus und konzentriert
sich auf Bija »Lang«. Diese Übung gibt neue Kraft.

Nun folgen einige wichtige Übungen zum Erwecken der
Kundalini.

Atemübungen

Sukh Purvak
(Einfaches, angenehmes Pranayama)

In Padmasana- oder Siddhasana-Stellung schließt der Schüler das rechte Nasenloch mit dem rechten Daumen und atmet durch das linke Nasenloch ein *(purak)*, bis er langsam dreimal OM gedacht hat. Er soll sich dabei einbilden, mit der Luft zusammen Prana einzusaugen. Im Lauf der Übung wird er tatsächlich die Empfindung haben, als zöge er Prana ein. Dann soll er auch das linke Nasenloch mit Ring- und kleinem Finger seiner rechten Hand schließen und den Atem zurückhalten, bis er zwölfmal OM gedacht hat. Wenn er nun den Strom zum Muladhara-Chakra hinabsendet, wird er fühlen, wie der Nervenstrom gegen das Muladhara-Chakra schlägt und Kundalini erweckt. Dann nimmt er den rechten Daumen fort und atmet durch das rechte Nasenloch aus, bis er sechsmal OM gedacht hat. Wieder atmet er durch das rechte Nasenloch ein, hält den Atem an und läßt ihn durch das linke Nasenloch, wie oben beschrieben, hinaus. Alle sechs Vorgänge bilden ein Pranayama. Zu Beginn sollte der Schüler am Morgen und am Abend je sechs Pranayamas ausführen. Allmählich kann er die Übungen bis zu zwanzig Pranayamas bei jeder Sitzung steigern. Das Verhältnis zwischen Einatmen, Anhalten und Ausatmen ist 1:4:2, wobei die zeitliche Dauer allmählich verlängert werden soll.

Der Schüler darf das Anhalten des Atems nur solange ausdehnen, wie es angenehm bleibt. Er muß Geduld haben und nicht vorwärts drängen. Zugleich mit dieser Übung kann er Mula Bandha (Wurzel-Übung) ausführen: Er richtet seine Konzentration auf das Chakra und meditiert über Kundalini. Das ist der wichtigste Teil der Übung, denn bei Pranayama spielt Konzentration eine wichtige Rolle, um Kundalini zu erwecken. Ist die Konzentration eine tiefe, so wird man dies schnell erreichen.

Diese Übung befreit von Krankheiten, reinigt die Nadis,

festigt das zerstreute Bewußtsein, verstärkt die Verdauung und Blutzirkulation, unterstützt die Keuschheit *(brahmacharya)* und erweckt Kundalini. Alle Unreinheiten des Körpers werden entfernt.

Bhastrika

Schnelle Aufeinanderfolge gewaltsamer Ausatmungen ist das charakteristische Merkmal dieser Übung. »Bhastrika« bedeutet im Sanskrit »Blasebalg«, denn man sollte so schnell ein- und ausatmen wie der Blasebalg eines Schmiedes arbeitet. In der von ihm gewählten Stellung schließt der Schüler den Mund und atmet zwanzigmal schnell ein und aus. Die Brust weitet und zieht sich wieder zusammen. Bei diesem Pranayama wird ein zischender Laut hörbar. Man muß mit den gewaltsamen Ausatmungen beginnen und sie schnell aufeinander folgen lassen. Nach zwanzig solcher Ausatmungen atmet man tief ein und hält den Atem an, solange es ohne Übertreibung möglich ist. Dann atmet man langsam aus. Das ist eine Bhastrika-Runde.

Man beginnt zunächst mit der Runde von zehn Ausatmungen und vermehrt sie allmählich bis zu zwanzig oder fünfundzwanzig. Auch die Zeitdauer des Anhaltens sollte allmählich und vorsichtig verlängert werden. Wenn eine Runde beendet ist, ruht man etwas aus, ehe die nächste folgt. Beginne mit drei Runden und gehe nach genügend Übung zu zwanzig Runden am Morgen und zwanzig am Abend über.

Fortgeschrittene Yogis üben Pranayama unter zeitweiser Schließung der Stimmritze und geben deshalb keinen zischenden Lärm von sich wie die Anfänger. Sie können die Übung auch stehend ausführen.

Bhastrika entfernt Halsentzündungen, verstärkt die Verbrennung, löst Schleim und alle Krankheiten von Nase und Lunge. Außerdem können Asthma, Schwindsucht und andere Krankheiten geheilt werden, die aus einem Übermaß von Wind, Galle und Schleim entstehen. Der Körper wird von dieser wirksamsten aller Pranayama-Übungen gewärmt. Sie ermöglicht dem Prana, die drei Knoten *(grantis)* zu durchbrechen.

Suryabeda

In Padmasana- oder Siddhasana-Stellung schließt der Schüler die Augen, hält das linke Nasenloch mit seinem rechten Ring- oder kleinen Finger zu und atmet langsam und lautlos, solange er es ohne Anstrengung vermag, durch das rechte Nasenloch ein. Dann schließt er auch das rechte Nasenloch mit dem rechten Daumen und hält den Atem an, indem er das Kinn solange fest gegen die Brust drückt *(jalandhara bandha)*, bis Schweiß aus den Haarwurzeln ausbricht. Zu Beginn wird er dies noch nicht erreichen, sondern erst, wenn er die Zeitdauer des Atemanhaltens allmählich verlängert hat. Der Schweißausbruch ist die Grenze dieser Übung. Dann lockert man Jalandhara Bandha und atmet sehr langsam durch das linke Nasenloch aus, ohne einen Laut von sich zu geben, während das rechte Nasenloch mit dem Daumen geschlossen wird.

> *Kumbhakah Suryabedastu*
> *Jara mrityu Vinasakah*
> *Bodayet Kundalim Shaktim*
> *Dehagnim cha Vivardhayet!«*
>
> »Die Übung von Suryabeda Kumbak zerstört Zerfall
> und Tod und erweckt Kundalini.«

Wieder und wieder sollte der Schüler dieses Pranayama ausführen, da es das Gehirn reinigt, die Würmer des Darms tötet, die vier durch Vayu (Lust) hervorgerufenen Übel vertreibt und Vata (Rheumatismus) heilt. Auch Nasenkatarrh und verschiedene Arten von Neuralgien heilt diese Übung und vernichtet Entzündung in den Stirnhöhlen.

Ujjayi

In seiner gewöhnlichen Stellung *(asana)* sitzend, schließt der Schüler den Mund und atmet langsam durch beide Nasenlöcher in sanfter, gleichmäßiger Weise ein. Dann hält er den Atem an, solange es ihm ohne Anstrengung möglich ist. Nun atmet er langsam durch das linke Nasenloch aus, während er das rechte mit seinem rechten Daumen schließt. Beim Einatmen soll die Brust sich weiten. Während der Einatmung versucht man die Stimmritze teilweise zu schließen und löst dadurch einen seltsamen Ton von sanftem, gleichmäßigem Klang aus. Dieses Anhalten der Luft kann man auch beim Gehen oder Stehen ausführen. Anstatt durch das linke Nasenloch kann man auch langsam durch beide Nasenlöcher ausatmen.

Diese Übung entfernt die Hitze aus dem Körper und verschönt den Schüler. Die Verbrennung wird angeregt, Schleim im Hals gelöst. Asthma, Schwindsucht und andere Lungenerkrankungen werden geheilt, ebenso Herzerkrankungen und alle Krankheiten, die durch ungenügende Sauerstoffzufuhr veranlaßt sind.

Plavini

Diese Pranayama-Übung verlangt Geschicklichkeit vom Schüler und geduldige allmähliche Ausführung unter der Anleitung eines in diesem Pranayama erfahrenen Gurus. Durch langsames Schlucken füllt der Schüler den Magen mit Luft, indem er die Luft trinkt als sei sie Wasser. Der Magen bläht sich leicht auf, so daß er bei Berührung einen sonderbaren Luft-*(tympanik)*-Ton von sich gibt. Nach der Übung läßt der Schüler die Luft wieder vollkommen heraus durch Uddiyana Bandha und Rülpsen. Wer diese Übung auszuführen vermag, kann auf dem Wasser schwimmen, solange er will. Er kann auch durch die Luft schweben und braucht tagelang nichts zu essen.

Möglichkeiten des Pranayama

Wer Pranayama übt, kann sein Prana anderen zur Heilung ernster Krankheiten übertragen und durch Kumbhak (Anhalten des Atems) sein Prana wieder neu auffüllen, so daß es niemals erschöpft. Je mehr er verschenkt, um so mehr wird ihm aus der kosmischen Quelle *(hiranyagarbha)* zufließen. Das ist das Gesetz der Natur. Deshalb darf der Yogi nicht mit seinen Kräften geizen. Hat er einen Patienten mit Rheuma, dann soll er dessen Beine sanft mit seinen Händen streicheln und während der Massage den Atem anhalten und sich vorstellen, daß die kosmische Energie durch seine Hände zu dem Kranken fließt. Der Kranke wird durch Massage und magnetische Berührung sofort Wärme, Erleichterung und Kraft verspüren, besonders bei Kopfschmerz, Darmkolik oder ähnlichen Krankheiten. Wenn der Yogi über Leber, Milz, Magen oder eine andere Stelle des Körpers streicht, kann er den Zellen befehlen, ihre Arbeit richtig auszuführen. Diese werden seinen Befehlen gehorchen, für die sie ein gutes, unbewußtes Verständnis besitzen. Während er anderen sein Prana vermittelt, sollte er sein Mantram wiederholt aufsagen.

Durch regelmäßiges Pranayama kann man außergewöhnliche Konzentrationskraft, starken Willen und einen vollkommen gesunden, starken Körper erhalten. Dafür muß man Prana bewußt zu dem kranken Körperteil hinführen, zum Beispiel zu einer trägen Leber. Auf diese konzentriert man Gedanken und Aufmerksamkeit und bildet sich ein, daß Prana alle Gewebe und Zellen der Lebergegend durchdringt und seine heilende, regenerierende und aufbauende Arbeit ausführt. Vertrauen, Glaube, Aufmerksamkeit und Interesse spielen dabei eine sehr wichtige Rolle. Beim Ausatmen stellt man sich vor, daß man die krankhaften Unreinheiten der Leber entfernt und wiederholt dies zwölfmal am Morgen und zwölfmal am Abend. In wenigen Tagen wird die Trägheit der Leber vergehen – eine medizinlose Heilung durch die Natur. Während der Pranayama-Übungen kann Prana zu jedem Körperteil hingeführt werden und dort chronische oder akute Krankheiten heilen. Ein mehrmaliger Versuch am eigenen Körper wird den Schüler hiervon überzeugen. Je mehr er an Konzentration zunimmt, um so leichter kann er Krankheiten allein durch Berührung heilen. Bei fortgeschrittener Entwicklung können viele Krankheiten durch Willen geheilt werden.

Der Yogi kann Prana über Fernen hinaus einem Freund übertragen. Er kann ihm schreiben: »Mache dich um acht Uhr früh bereit und nimm eine innere empfangsbereite Haltung ein. Lege dich in einen bequemen Stuhl und schließe die Augen. Ich werde dir mein Prana senden.« In Gedanken überzeugt er den Kranken: »Ich schicke dir Prana zu Hilfe.« Gleichzeitig hält er den Atem in rhythmischer Folge *(kumbhak)* an. Dabei stellt er sich in Gedanken vor, daß Prana sein Bewußtsein verläßt und durch den Äther in den Organismus seines Freundes eingeht. Prana strömt unsichtbar wie drahtlose Wellen und durchschneidet den Raum wie ein Blitz. Gefärbt von den Gedanken des Heilenden, wird Prana in die Ferne gesandt. Der Heilende kann sich sogleich wieder mit Prana aufladen, wenn er Kumbhak (Anhalten des Atems) übt. Eine solche Fernheilung verlangt eine lange und regelmäßige Übung.

Bedeutung des Pranayama

Bewegung *(rajas)* und Trägheit *(tamas)* bilden die Hülle, den Schleier, den Pranayama entfernt, damit die wahre Natur der Seele wirksam werden kann. Die Erkenntnis *(chitta)* an sich besteht aus Sattwa (Reinheit), ist aber von Rajas und Tamas verhüllt, wie das Feuer von Rauch eingehüllt ist. Pranayama allein reinigt und läßt die Erkenntnis aufleuchten. Das Karma, das die unterscheidende Erkenntnis des Yogi verdeckt, die magische Landschaft der Sehnsucht, die von Natur aus licht ist, verdunkelt, und die individuelle Seele, Jiva, zum Laster führt, wird durch die Übung des Pranayama aufgehoben. Dieses

Karma, das das Licht verdeckt und den Yogi an immer neue Wiedergeburten bindet, wird durch Pranayama geschwächt und endlich ganz zerstört.

Dharanasu cha yogyata manasah: »Die Gedanken werden reif zur Konzentration«. (Yoga-Sutra, II, 53.) Ist der Schleier vor dem Licht gefallen, wird das Bewußtsein sich konzentrieren und unbewegt sein wie die Flamme an einem geschützten Ort, befreit von jeder störenden Unruhe.

Das Wort Pranayama wird bisweilen ganz allgemein für Einatmen, Anhalten des Atems und Ausatmen gebraucht, manchmal auch für jeden einzelnen dieser Vorgänge. Wenn das Luft-Prana sich im Akasa (Äther)-Tattwa bewegt, wird die Atmung herabgesetzt. Dann ist es leicht, den Atem vollkommen anzuhalten. Die Zerstreuung des Bewußtseins wird durch Pranayama langsam herabgesetzt und Gleichgültigkeit gegen weltliche Güter *(vairagya)* erlangt.

Wohltaten des Pranayama

Der Körper wird sehnig, stark, gesund und verliert ein Übermaß an Fett. Leuchten liegt über dem Gesicht, und die Augen strahlen wie Diamanten. Der Schüler wird sich verschönern, seine Stimme bekommt einen sanften, melodischen Klang, und er wird die inneren *(anahat)* Klänge deutlich vernehmen. Seine Krankheiten werden behoben, seine Keuschheit gestärkt, so daß er seinen Samen nicht mehr verstreut. Die Verbrennung wird gesteigert, der Appetit erhöht und die Ausscheidungen werden verringert. Die Nadis sind gereinigt, die innere Unruhe *(vikshep)* ist vergangen, das Bewußtsein auf einen Punkt gerichtet. Bewegung *(rajas)* und Trägheit *(tamas)* sind aufgehoben und die Gedanken bereit für Meditation und Konzentration. Ununterbrochene Übung läßt geistiges Licht, Glückseligkeit und Frieden einströmen. Doch nur fortgeschrittene Schüler werden diese Wohltaten empfangen.

Unterweisungen im Pranayama

1. Erfülle früh am Morgen die Wünsche deiner Natur und nimm dann die Stellung für die Yogaübungen ein. Übe Pranayama in einem trockenen, gutgelüfteten Zimmer. Pranayama verlangt tiefe Konzentration und Aufmerksamkeit. Laß niemand bei dir bleiben.

2. Ehe du dich zur Übung des Pranayama hinsetzt, mußt du die Nasenlöcher gründlich reinigen. Zehn Minuten nach der Übung solltest du eine Tasse Milch oder ein kurzes Frühstück nehmen.

3. Vermeide strengstens zu viel Reden, Essen, Schlafen, Umgang mit Freunden und Anstrengung. Nimm ein bißchen Reis mit zerlassener Butter zu dir. Das wird dein Hungergefühl aufheben und deinen Atem nicht hindern.

4. Manche Menschen ziehen beim Anhalten des Atems *(kumbhak)* die Gesichtsmuskeln zusammen. Dies sollte vermieden werden, denn es ist ein Zeichen, daß sie ihre Möglichkeiten übersteigern. Auf diese Weise stören sie das regelmäßige Ein- und Ausatmen *(rechak – purak)*.

5. Du kannst auch Pranayama gleich nach dem Aufstehen ausführen, ehe du Japam und Meditation übst. Dein Körper wird leicht, und du wirst dich an der Meditation erfreuen. Die Zeiteinteilung bestimmst du am besten selbst.

6. Bewege den Körper nicht unnötigerweise, um das Bewußtsein nicht zu beunruhigen. Der Schüler sollte während Pranayama, Japam und Meditation unbeweglich in seiner Stellung verharren.

7. Bei allen Übungen sollte man Rama, Shiva, Gayatri oder ein anderes Mantram wiederholen. Gayatri oder OM ist für Pranayama das beste. Zu Beginn ist eine genaue Zeit für Einatmen, Anhalten des Atems und Ausatmen einzuhalten. Diese bestimmt sich von allein, wenn man achtgibt, daß man sich nicht überanstrengt. In der Übung fortgeschritten, brauchst du nicht mehr zu zählen oder eine Zeiteinheit ein-

zuhalten. Die Macht der Gewohnheit wird dir die richtige Zeit eingeben.

8. Zu Anfang mußt du einige Tage lang die Atmungen zählen und sehen, wie weit du Fortschritte machst. Im fortgeschrittenen Zustand brauchst du die Gedanken nicht mehr durch Zählen zu belasten. Die Lungen werden dir anzeigen, wann du die verlangte Zahl beendet hast.

9. Übe nicht Pranayama bis zur Erschöpfung. Immer sollten Freude und Heiterkeit während und nach den Übungen herrschen. Mit neuer Kraft und Frische mußt du dich erheben. Binde dich nicht an zu viele Regeln *(niyamas)*.

10. Bade nicht unmittelbar nach Pranayama, sondern lege dich eine halbe Stunde hin. Hast du während der Übung geschwitzt, reibe dich nicht mit einem Tuch, sondern mit den Händen ab. Setze deinen Körper auch nicht dem Zug aus.

11. Atme immer sehr langsam ein und aus. Gib kein Geräusch von dir. Bei Bhastrika- und Kapalabhati-Pranayama kann ein milder, möglichst tiefer Ton hörbar werden.

12. Du kannst keine Wohltaten erwarten, wenn du nur einen oder zwei Tage die Übungen zwei bis drei Minuten lang ausführst. Du mußt tagelang, zumindest täglich fünfzehn Minuten regelmäßig üben. Es ist nutzlos, jeden Tag zu einer neuen Übung überzugehen.

13. Patanjali legt keinen Wert auf verschiedene Arten von Pranayama. Er lehrt: »Atme langsam aus. Dann atme ein und halte den Atem an. Du wirst Festigkeit und Ruhe der Gedanken finden.« Erst die Hatha-Yogi haben Pranayama als Wissenschaft ausgearbeitet und für die verschiedenen Menschen unterschiedliche Übungen festgelegt.

14. Der Anfänger sollte einige Tage lang nur ein- und ausatmen, ohne den Atem anzuhalten. Das Verhältnis von Purak und Rechak sollte 1:2 sein.

15. In seiner gewöhnlichen und vorbereitenden Form kann Pranayama von jedem in jeder Stellung, sitzend oder im Gehen geübt werden. Schon dann werden seine Wohltaten offen-

bar. Wer es aber nach den vorgeschriebenen Methoden ausführt, wird erfolgreicher sein.

16. Verlängere allmählich die Periode des Anhaltens. In der ersten Woche mögen es vier Sekunden, in der zweiten acht, in der dritten Woche zwölf Sekunden sein und so fort, bis du den Atem der ganzen Fülle deiner Möglichkeiten entsprechend anhalten kannst.

17. Du mußt den Rhythmus des Pranayama deiner Natur so genau anpassen, daß du niemals außer Atem kommst oder Unbehagen empfindest. Du darfst niemals die Notwendigkeit verspüren, zwischen den Atemübungen einige normale Atemzüge einzulegen. Die Dauer von Purak, Kumbhak und Rechak muß genau angepaßt werden. Dies wird nicht schwer sein und zum Erfolg führen.

18. Du darfst die Periode der Ausatmung nicht unnötigerweise verlängern, da sonst die Einatmung überstürzt folgt und der Rhythmus gestört wird. Immer wieder sei wiederholt, daß die Atmungen reguliert, aber nicht übersteigert werden sollen. Erfahrung und Übung werden dies erreichen.

Stellungen

(Bedeutung der Asanas)

Vier Asanas werden für Japam und Meditation vorgeschrieben: Padmasana, Siddhasana, Swastikasana und Sukhasana. Für jede dieser Stellungen muß der Schüler ununterbrochen und unbeweglich bis zu drei Stunden ruhig sitzen können. Erst dann wird er die Asanas beherrschen (asana jeya) und Erfolg in der Meditation erreichen. Je unbeweglicher er die Stellungen eine Stunde lang einnimmt, umso fähiger ist er, sein Bewußtsein zu konzentrieren und auf einen Punkt zu richten. Unendlichen Frieden und Glückseligkeit werden diese Asanas ihm geben.

Der Schüler muß sich einbilden, er wäre unbeweglich wie ein Fels und sich dies ein halbes dutzendmal während der Asanas suggerieren. Dann wird er bald unbeweglich bleiben und während seiner Meditation einer lebenden Statue gleichen. Man beginnt mit einer halben Stunde und steigert langsam die Dauer bis zu drei Stunden.

Bei den Asanas müssen Kopf, Hals und Rumpf in gerader Linie bleiben. Man soll erst eine Stellung üben und sie durch wiederholte Versuche unbeweglich und vollkommen durchführen, ehe man zu einer anderen übergeht. Stellung *(asana)* gibt Kraft *(dritatha)*; Handhaltung *(mudra)* verleiht Festigkeit *(sthirata)*; Abstraktion *(pratyahar)* gibt Kaltblütigkeit *(dhayria)*. Atemschulung *(pranayama)* gewährt Leichtigkeit *(laghima)*; Meditation *(dhyana)* verleiht Wahrnehmung des Selbst *(pratyakshatwa)*; Ekstase *(samadhi)* führt zu Bindungslosigkeit *(kaivalya)*, die wahre Freiheit und höchste Glückseligkeit gewährt.

Es gibt ebenso die verschiedenartigsten Stellungen. Shiva beschrieb vierundachtzig Arten von Übungen, von denen zweiunddreißig sehr nützlich sind. Einige Asanas können im Stehen ausgeführt werden; unter anderem: Tadasana, Trikonasana, Garudasana. Einige können im Sitzen geübt werden wie Paschimottanasana, Padmasana usw. Einige werden im Liegen durchgeführt wie Uttanapadasana, Pavanamuktasana usw. Srishasana, Vrikshasana und andere Stellungen werden mit abwärts gehaltenem Kopf und hochgehaltenen Beinen ausgeführt. In früheren Zeiten wurden diese Asanas im Kreis des Gurus gelehrt, und die Schüler erlangten Stärke, Gesundheit und lange Lebensdauer. Heute sollten die Asanas in Schulen und Colleges eingeführt werden. Die gewöhnlichen Körperübungen entwickeln nur die oberflächlichen Muskeln des Körpers und verleihen einen schönen Körper. Die Asanas aber dienen sowohl der physischen wie der geistigen Entwicklung.

Nachstehend sollen nur einige Asanas beschrieben werden, die für Konzentration, Meditation und das Erwecken der Kundalini nützlich sind.

Padmasana

(Lotusstellung)

Unter den vier für Japam und Meditation vorgeschriebenen Stellungen nimmt Padmasana den ersten Platz ein. Es ist die beste Stellung für Meditation.Deshalb hielten Rishis wie Gheranda, Sandilya und andere sehr viel von ihr. Sie ist auch angenehm für Hausväter und Frauen. Magere Menschen können sie ebensogut ausführen wie junge Menschen.

Man setzt sich mit nach vorn gestreckten Beinen auf den Boden und legt den rechten Fuß auf den linken Schenkel, den linken Fuß auf den rechten Schenkel. Die Hände liegen auf den Knien; oder man legt die gefalteten Finger auf den linken Knöchel. Das ist für einige Menschen sehr angenehm. Man kann

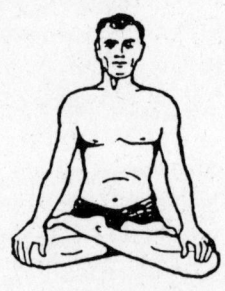

auch die linke Hand auf das linke Knie, die rechte Hand auf das rechte Knie legen, die Handflächen nach oben gehalten, wobei der Zeigefinger den mittleren Teil des Daumens berührt *(chin mudra)*.

Siddhasana

(Die vollkommene Stellung)

Nächst wichtig ist die Siddhasana-Stellung für die Meditation, die von manchen sogar der Padmasana-Stellung vorgezogen wird. Ihr Name ist gewählt, weil viele Yogis *(siddhas)* der Vergangenheit sie übten.

Selbst dicke Menschen mit breiten Gelenken können diese Stellung bequem ausführen. Manchen mag sie leichter erscheinen als Padmasana. Für Frauen ist sie jedoch nicht geeignet.

Man legt eine Ferse an den After und die andere an die Wurzel des Geschlechtsorgans. Die Füße müssen so übereinandergelegt werden, daß die Fußgelenke sich berühren. Die Hände können wie in der Padmasana-Stellung liegen.

Swastikasana

(Glückliche Stellung)

Swastikasana ist bequemes Sitzen mit aufgerichtetem Körper. Man streckt die Beine aus und beugt das linke Bein, so daß der linke Fuß zwischen rechten Knöchel und Wade zu liegen kommt. In gleicher Weise beugt man das rechte Bein und legt den rechten Fuß zwischen Knöchel und Wade. Dies ist eine sehr bequeme Stellung. Wem sie zu schwer erscheint, der sollte die Samasana-Stellung einnehmen.

In dieser Stellung legt man die linke Ferse an das rechte Fußgelenk und die rechte Ferse an das linke. Man setzt sich bequem hin, ohne nach rechts oder links zu fallen.

Sukhasana

Eine leichte, angenehme Stellung für Japam und Meditation ist Sukhasana. Wichtig ist bei dieser Übung, daß Kopf, Hals und Rumpf in einer geraden Linie bleiben. Beginnt man erst mit dreißig oder vierzig Jahren Japam und Meditation zu üben, so ist man im allgemeinen nicht mehr fähig, lange Zeit in Padma-, Siddha- oder Swastikasana-Stellung zu verbleiben. In falscher Haltung meint man dann, die Sukhasana-Stellung einzunehmen. Der Rücken aber krümmt sich nach wenigen Minuten. In der richtigen Sukhasana-Stellung können auch alte Leute sitzen und eine lange Zeit meditieren. Junge Leute sollten sie nicht verwenden, da es vor allem eine Stellung für Ältere ist, die trotz wiederholter Versuche die anderen Stellungen nicht mehr einnehmen können.

Man faltet ein etwa fünfzehn Zentimeter langes Tuch der Länge nach zusammen, bis die Breite etwa eineinhalb Zentimeter beträgt und setzt sich in gewöhnlicher Weise auf den Boden, die Füße unter den Schenkeln. Nun hebt man beide Knie bis zur Brusthöhe, so daß zwischen den Knien ein Raum von etwa drei bis dreieinhalb Zentimetern entsteht, legt ein Ende des gefalteten Tuches an die linke Seite des linken Knies, umwickelt das rechte Knie und kehrt zum Ausgangspunkt zurück, wo man beide Enden mit einem Knoten verbindet. Die Handflächen legt man gegeneinander auf das Tuch zwischen den Knien. Bei dieser Stellung sind Hände, Beine und Rückgrat gestützt, so daß man nicht ermüden kann. Wer keine anderen Asanas einzunehmen vermag, wird zumindest in dieser Stellung eine lange Zeit Japam und Meditation ausüben oder sich in religiöse Bücher *(swadhyaya)* vertiefen können.

Sirshasana

(Kopfstellung)

Man legt ein vierfach gefaltetes Tuch auf den Boden und kniet davor nieder. Die Finger ineinander gefaltet, legt man die Hände mit den Armen bis zu den Ellenbogen auf die Erde und den Scheitel des Kopfes auf die ineinander geflochtenen Hände oder zwischen sie. Dann hebt man die Beine langsam zur Senkrechten. So bleibt man fünf Sekunden lang und verlängert die Zeit allmählich jede Woche um fünfzehn Sekunden bis zu zwanzig Minuten oder einer halben Stunde, ehe man die Beine langsam wieder zum Boden zurückführt. Starke Menschen werden in der Lage sein, innerhalb von zwei bis drei Monaten diese Stellung eine halbe Stunde lang beizubehalten. Man soll die Übung langsam ausführen, wenn man Zeit hat, möglichst zweimal am Tag, morgens und abends. Dabei soll man langsam durch die Nase einatmen und niemals durch den Mund.

Man kann die Hände auch beiderseits neben dem Kopf auf den Boden legen. Dies ist leichter, wenn man dick ist. Hat man das Gleichgewicht hergestellt, kann man den Kopf in die gefalteten Hände stützen. Zu Beginn kann jemand helfen, die Beine senkrecht zu halten, oder man lehnt sie gegen die Wand. Vielleicht entsteht zuerst ein unangenehmes Gefühl, das aber bald nachläßt, um Freude und Heiterkeit auszulösen. Nach der Übung sollte man sich fünf Minuten ausruhen und eine Tasse Milch trinken. Es gibt Schüler, die diese Übung zwei bis drei Stunden hintereinander ausführen.

Diese Stellung ist sehr nützlich, um Keuschheit *(brahmacha-*

rya) zu halten und ein vollkommener Yogi zu werden, da durch sie physische Energie in geistige *(ojas shakti)* verwandelt wird. Sie wird deshalb auch Sublimierung des Sexus genannt. Man wird keine sinnlichen Träume mehr haben, da die Samenkraft in das Gehirn fließt und dort als geistige Kraft gesammelt und für die Meditation verwendet wird. Man soll sich bei dieser Haltung in Gedanken vorstellen, daß die Samenkraft in Ojas Shakti verwandelt, die Wirbelsäule entlang in das Gehirn geführt und dort angesammelt wird.

Sirshasana ist eine Wohltat, ein Nektar, dessen wohltätige Ergebnisse und Wirkungen sich schwer beschreiben lassen. In dieser Stellung vermag das Gehirn eine Fülle von Prana und Blut zu sammeln, so daß das Gedächtnis ungeheuer gesteigert wird. Ohne Anstrengungen führt die Stellung von selbst zu richtigem Pranayama und Samadhi. Kleine Schwierigkeiten, die sich zunächst beim Atmen ergeben können, werden bald fortfallen, und man wird spüren, daß der Atem immer feiner wird. Meditation nach Sirshasana ist besonders erfolgreich. Man wird die inneren Töne *(anahata)* ganz deutlich vernehmen.

Sarvangasana

(Stellung aller Glieder)

Diese geheimnisvolle Asana gewährt wunderbare Wohltaten. Man breitet ein dickes Tuch auf der Erde aus und legt sich darauf flach auf den Rücken. Man hebt langsam die Beine und anschließend Hüften und Rumpf, bis der Körper senkrecht auf den Schultern steht. Dabei stützt man den Rücken seitlich mit beiden Händen. Die Ellenbogen liegen auf dem Boden, das Kinn wird gegen die Brust gepreßt *(jalandhara bandha)*. Der Rückenteil der Schultern und der Hals bleiben flach auf dem Boden liegen. Die ganze Last des Körpers tragen die Schultern, auf denen man mit Hilfe der Ellenbogen steht. Der Körper soll sich nicht hin und her bewegen, so daß die Beine ruhig in senkrechter Linie bleiben. Nach der Übung führt man die Beine sehr langsam und ohne Stoß wieder auf den Boden zurück. Dabei soll man sich auf die Schilddrüse konzentrieren, die im untersten Vorderteil des Halses liegt, den Atem, solange man es mühelos vermag, anhalten und dann langsam durch die Nase ausatmen.

Man kann diese Stellung zweimal am Tage einnehmen, morgens und abends, zunächst zwei Minuten lang, dann die Zeit auf eine halbe Stunde ausdehnen. Unmittelbar danach sollte Matsyasana, die Fischstellung, folgen, die geeignet ist, Schmerzen im Rückenteil des Halses zu beheben und dadurch die Nützlichkeit der Sarvangasana-Stellung zu verstärken.

Diese Übung ist eine Heilkur für alles. Einmal werden die seelischen Fähigkeiten verstärkt, Kundalini Shakti erweckt und die Kraft des Denkens gesteigert. Weiter werden alle Arten von Darm- und Magenkrankheiten geheilt und viel Blut in die Nerven des Rückgrats gebracht, da das Blut sich in der Wirbelsäule sammelt und dieser eine Fülle an Nahrung gibt, die sie sonst nicht erhält. Auf diese Weise bleibt das Rückgrat elastisch und schafft immerwährende Jugend und Antrieb zur Arbeit. Frühe Verknöcherung und Degenerierung der Wirbelsäule wird unterbunden, Keuschheit unterstützt und sinnlich erregende Träume werden vermieden. Die Potenz des Menschen wird regeneriert, sein Blut gereinigt und gestärkt, die Nerven werden gekräftigt und Kundalini erweckt. Auch Geschicklichkeit und Gewandtheit wird durch diese Stellung gewonnen, die die Rükkenmuskeln zusammenzieht, entspannt und streckt. Die Heranführung von Blut behebt Rheuma, Hexenschuß, Verrenkungen und Neuralgien.

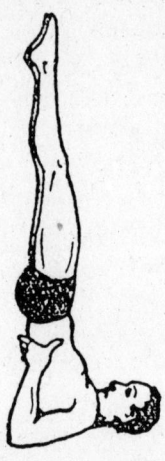

Die Übung macht die Wirbelsäule beweglich und elastisch wie Gummi, so daß sie sich leicht biegen läßt. Da die Wirbelsäule von wesentlicher Bedeutung ist, muß sie gesund und stark gehalten werden. Aber auch die Bauchmuskeln und die Muskeln der Waden werden gestärkt und gestrafft.

Matsyasana

(Fischstellung)

Diese Stellung, zusammen mit Plavini-Pranayama, ermöglicht das Liegen auf dem Wasser und wird darum Fischstellung, Matsyasana, genannt. Man breitet ein Tuch aus und setzt sich in Padmasana-Stellung, den rechten Fuß auf den linken Schenkel und den linken auf den rechten Schenkel gelegt. Nun legt man sich einfach auf den Rücken und stützt den Kopf mit den beiden Ellenbogen.

Eine Abart dieser Stellung läßt den Kopf nach hinten beugen, so daß der Scheitel auf dem Boden liegt. Vom Gesäß, das ebenfalls den Boden berührt, bis zum Scheitel entsteht eine Brücke und der Rumpf ist im Bogen gespannt. Die Hände fassen die Fußgelenke oder suchen die Zehenspitzen zu erreichen. Diese Abart ist wirkungsvoller und wohltätiger als die Grundform.

Dicke Menschen mit starken Waden, die das Überschlagen der Beine im Padmasana schwer durchführen können, mögen sich in gewöhnlicher Beinhaltung hinsetzen, um diese Übung auszuführen. Wichtig ist, die Stellung zunächst unbeweglich, unverkrampft und ohne Schwanken einzuhalten. Dann erst soll man zu Matsyasana übergehen, mit zehn Sekunden beginnen und später die Zeit verlängern.

Nach Beendigung der Übung hebt man Kopf und Rumpf allmählich mit Hilfe der Hände und steht langsam auf.

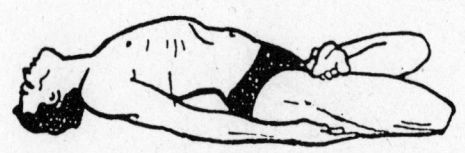

Diese Stellung muß bald nach der Sarvangasana-Übung ausgeführt werden, da sie von der Steifheit des Nackens und den Verkrampfungen des Gehirns befreit, die durch langes Üben von Sarvangasana entstehen können. Sie massiert die mit Blut überfüllten Teile von Nacken und Schulter auf natürliche Art und erleichtert damit die Wohltaten der Sarvangasana-Stellung. Die weite Öffnung von Kehlkopf und Luftröhre unterstützt eine tiefe Atmung und heilt viele Krankheiten, vor allem Verstopfung, Asthma, Schwindsucht, chronische Bronchitis.

Paschimottanasana

Man setzt sich auf die Erde und streckt die Beine völlig durchgedrückt nach vorn. Dabei faßt man die Zehen mit Daumen, Zeige- und Mittelfinger, beugt den Rumpf langsam und ohne Ruck vorwärts, bis die Stirn die Knie berührt. Das Gesicht kann auch zwischen den Knien liegen. Man erleichtert die Übung, die für dicke Leute schwierig ist, wenn man beim Vorwärtsbeugen den Bauch einzieht und den Kopf zwischen den Knien hält. Solange der Rumpf nach vorn gebeugt ist, hält man den Atem an und atmet erst wieder, wenn der Oberkörper aufgerichtet ist. Junge Menschen mit elastischem Rückgrat können schon zu Beginn der Übungen die Knie leicht mit der Stirn berühren. Bei Erwachsenen mit starrer Wirbelsäule wird es vierzehn Tage bis zu einem Monat dauern, bis sie die Stellung vollkommen meistern.

Man hält die Stellung zu Beginn fünf Sekunden und verlängert die Zeit dann allmählich bis zu zehn Minuten.

Wem die Paschimottanasana-Stellung zu schwierig ist, kann sie in zwei Hälften ausführen; zunächst mit einer Hand und einem Bein, danach mit der anderen Hand und dem anderen Bein. Wenn nach einigen Tagen die Wirbelsäule elastischer geworden ist, kann man die Stellung vollständig durchführen.

Paschimottanasana ist eine ausgezeichnete Stellung, die den Atem durch Brahma Nadi und Sushumna fließen läßt und dadurch die Verbrennung verstärkt. Durch sie verringert sich das Bauchfett, und die Lenden magern ab. Deshalb ist sie besonders wohltätig für Fettleibige. Auch heilt sie Vergrößerung von Leber und Milz. Während Sarvangasana die endokrinen Drüsen anregt, gibt Paschimottanasana den Eingeweiden, Niere, Leber, Bauchspeicheldrüse, einen Anreiz. Verstopfung, Trägheit der Leber, schlechte Verdauung, Aufstoßen, Gastritis werden geheilt. Auch können Diabetes und Rheuma der Rückenmuskeln behoben werden. Bauchmuskeln, Harnblase, Lumbalnerven und das sympathische Nervensystem werden in ihrer Spannung erhöht und im gesunden, kräftigen Zustand erhalten.

Mayurasana

(Pfauenstellung)

Diese Stellung ist schwerer als Sarvangasana und verlangt gute körperliche Kräfte.

Man kniet sich auf den Boden und setzt sich auf die Füße. Nun legt man die Handflächen auf den Boden, die beiden Unterarme und die kleinen Finger dicht beieinander, die Fingerspitzen den Füßen zugekehrt. Auf diese Weise bleiben die Unterarme fest und unbeweglich, so daß sie den Körper beim Aufheben von Rumpf und Beinen stützen können. Nun hebt man langsam den Bauch zu den aneinandergepreßten Ellenbogen auf und stützt den Körper auf die Ellenbogen, die sich gegen den Nabel pressen. Das ist die erste Stufe. In der zweiten streckt man die Beine

aus und hebt die Füße in steifer, gerader Haltung zur Waage-
rechten hoch.

Anfänger halten nach Anheben der Beine das Gleichgewicht
nur schwer. Man legt zweckmäßigerweise ein Kissen vor sich
hin, für den Fall, daß man nach vorn auf das Gesicht fallen
würde. Verliert man das Gleichgewicht, versuche man auf die
Seite zu fallen. Ist es zu schwierig, beide Beine auf einmal
auszustrecken, so hebt man erst nur das eine, dann das andere
Bein. Legt man den Körper etwas nach vorn und den Kopf nach
unten, werden sich die Beine von selbst vom Boden abstoßen
und sich mit Leichtigkeit ausstrecken lassen. Wird die Stellung
richtig ausgeführt, liegen Kopf, Rumpf, Steißbein, Schenkel,
Beine und Füße in einer Linie, parallel zum Boden. Diese Haltung sieht sehr schön aus, ist aber für dicke Menschen schwierig.

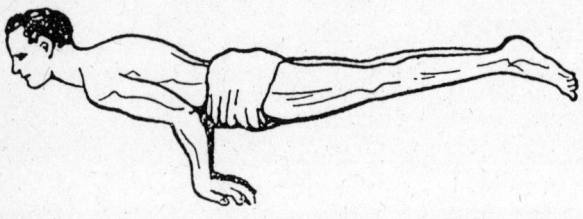

Man übt diese Stellung fünf bis zwanzig Sekunden lang. Kräf-
tige, sehr gesunde Menschen können sie auch zwei oder drei
Minuten lang einnehmen. Hält man dabei den Atem an, gewinnt man eine ungeheure Kraft. Nach der Übung wird langsam wieder ausgeatmet.

Es ist eine wunderbare Übung, um die Verdauung zu verbes-
sern und zu beschleunigen und unbekömmliche Nahrung unschädlich zu machen. Verstopfung und Magenbeschwerden
werden geheilt, chronische Gastritis und Vergrößerung von
Leber und Milz durch Anregung der inneren Bauchtätigkeit
günstig beeinflußt, da der ganze Bauchtrakt gestärkt wird.
Schlaffheit und Trägheit der Leber vergehen. Kundalini wird
erweckt.

Ardha Matsyendrasana

Paschimottanasana- und Hala-Asana biegen das Rückgrat nach vorwärts, Dhanur-, Bhujang- und Salab-Asanas nach rückwärts. Aber das genügt nicht, denn das Rückgrat muß auch gekrümmt und nach der Seite gedreht werden, um es vollkommen elastisch zu machen. Matsyendrasana dient diesem Zweck, da es die Wirbelsäule nach beiden Seiten biegt.

Man legt die linke Ferse nahe des Afters unter den Damm, so daß sie dort unbeweglich bleibt. Dann beugt man das rechte Knie und stellt den rechten Fuß so hin, daß das Fußgelenk sich am linken Oberschenkel oberhalb des Knies befindet und das rechte Knie unter der linken Achselhöhle liegt. Nun rückt man das Knie ein wenig nach hinten, so daß es den hinteren Teil der Achselhöhle berührt. Dann faßt man den rechten Fuß mit der linken Hand und durch Druck des linken Schultergelenks biegt man die Wirbelsäule langsam ganz nach rechts. Hierbei dreht man auch das Gesicht möglichst weit nach rechts, so daß es in eine Linie mit der rechten Schulter kommt. Den rechten Arm führt man nach hinten und faßt den linken Oberschenkel mit der rechten Hand. In dieser Stellung bleibt man mit senkrechter Wirbelsäule fünf bis fünfzehn Sekunden, ohne sich zu beugen. Die gleiche Übung wiederholt man, um das Rückgrat nach links zu drehen.

Diese Stellung verstärkt den Appetit durch Anregung der Verbrennung, heilt schwere Krankheiten und erweckt Kundalini. Der Kraftfluß *(chandranadi)* des Mondes, der oberhalb des Gaumens lokalisiert ist, wird in Bewegung gebracht, so daß sein kühler ambrosischer Nektar ungestört fließt und nicht durch Vermischung mit dem Feuer der Verdauung vergeudet wird.

Diese Stellung erhält das Rückgrat elastisch und massiert die Eingeweide. Hexenschuß und alle Arten von Muskelrheuma des Rückens werden geheilt, die Nervenwurzeln in der Wirbelsäule und das sympathische Nervensystem durchblutet und gestärkt. Diese Stellung muß durch Paschimottanasana ergänzt werden.

Vajrasana

(Die Diamantstellung)

In dieser Stellung sitzt man gerade und unbeweglich. Knie und Wirbelsäule *(merudanda)* werden fest und stark. Diese Haltung erinnert an die Namas-Stellung der betenden Mohammedaner.

Die Fußsohlen liegen beiderseits des Afters unter dem Gesäß; die Oberschenkel auf den Waden der Unterschenkel; während die Schienbeine bis herunter zu den Zehenspitzen den Boden berühren. Die ganze Körperlast liegt auf Knien und Fußgelenken. Zu Beginn der Übung können leichte Schmerzen in Knien und Fußgelenken spürbar sein. Sie werden aber bald vergehen, wenn man die schmerzenden Teile, vor allem die beiden Knöchel, massiert, gegebenenfalls auch ein wenig mit Jodex einreibt. Sitzt man fest in dieser Stellung, so legt man beide Hände flach auf die eng nebeneinander liegenden Knie und hält Rumpf, Hals und Kopf in senkrechter Linie. In dieser Stellung, die Yogis häufig einnehmen, kann man bequem sehr lange Zeit sitzen.

Nimmt man gleich nach dem Essen fünfzehn Minuten lang diese Stellung ein, wird man das Essen gut verdauen. Blähungen

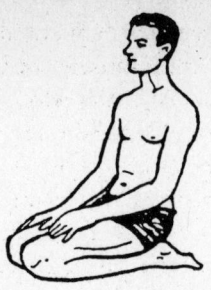

werden beseitigt und eine anregende, wohltätige Wirkung auf Kanda, den vitalsten Punkt, von dem alle Nadis ausgehen, ausgeübt. Auch die Nadis, Nerven und Muskeln der Beine und Knöchel werden gestärkt, Rheuma in Knien, Beinen und Füßen, ebenso wie Ischias wird geheilt.

Oordva Padmasana

(Lotusstellung nach oben)

Aus der Sirshasana-Stellung beugt man langsam das rechte Bein und legt es auf den linken Schenkel. Dann legt man das linke Bein auf den rechten Schenkel. Die Bewegungen sollen sorgfältig und langsam ausgeführt werden. Kann man Sirshasana länger als zehn bis fünfzehn Minuten ausführen, so wird auch diese Übung möglich sein. Sie verschafft die gleichen Wohltaten wie Sirshasana.

Allgemeine Anweisungen

1. Asana ist die erste Stufe *(anga)* auf dem achtgliedrigen *(ashtanga)* Weg des Yoga. Nur wer die Stellungen einnehmen kann, wird die Wohltaten des Pranayama genießen.

2. Lege auf den Boden ein Tuch, auf dem du die Asanas einnimmst. Um Sirshasana und seine Abarten auszuführen, ist ein Kissen oder ein vierfach zusammengelegtes Tuch auf den Boden zu legen.

3. Trage bei den Übungen eine Badehose. Lege Augengläser ab, da sie zerbrechen können.

4. Asanas sollten mit leerem Magen geübt werden, am besten morgens, oder wenigstens drei Stunden nach dem Essen. Nach den Übungen iß ein wenig oder trinke Milch.

5. Übe regelmäßig. Wer nur hin und wieder übt, wird keine Wohltaten empfangen.

6. Wie ein Gebäude des Fundaments bedarf, so muß der Yogi die Asanas beherrschen. Sonst wird er auf den höheren Stufen der Yogaübungen keinen Erfolg erlangen.

7. Japam und Pranayama sollten zusammen mit den Asanas geübt werden. Nur das ist wahrer Yoga.

8. Einige der Asanas kann man zu Beginn nicht vollendet ausführen. Regelmäßige Übung wird zur Vollkommenheit führen. Geduld und Ausdauer, Ernsthaftigkeit und Wahrhaftigkeit sind notwendig.

9. Wechsle niemals die Stellungen, sondern halte an einer fest. Wenn du heute eine Reihe von Asanas ausführst und morgen eine andere, wirst du niemals Wohltaten verspüren.

10. Je stetiger du in der Übung der Asanas bist, um so besser wirst du dich konzentrieren und deine Gedanken auf einen Punkt richten können. Ohne Ruhe in der körperlichen Stellung wirst du in der Meditation nicht gut vorwärtskommen.

11. Leichtes Anhalten des Atems *(kumbhak)* während der Asanas steigert die Wirksamkeit und stärkt Kraft und Vitalität.

12. Jeder sollte sich eine Reihe von Asanas je nach seinem Temperament, seinen Fähigkeiten und Bedürfnissen, nach seinem Behagen und seiner Neigung aussuchen.

13. Wer sorgfältig auf Diät, Asanas und Meditation achtet, wird in kurzer Zeit schöne, strahlende Augen, zarte Haut und Frieden der Seele erlangen. Hatha-Yoga verspricht Schönheit, Kraft und geistigen Erfolg.

14. Ein Mensch kann zehn Stunden hintereinander bewegungslos eine Stellung halten und doch voller Begierden sein. Dann ist dies eine rein körperliche Übung gleich Akrobatik oder Zirkus-Kunststücken. Ohne die Augen zu schließen, ohne Zwinkern und Drehen des Augapfels kann man drei Stunden lang Tratak üben und doch voller Begierde und Selbstsucht sein. Auch dies ist wieder eine rein physische Übung und hat nichts mit Geistigkeit zu tun. Selbst vierzigtägiges Fasten kann nur eine Art körperlichen Trainings sein.

15. Pranayama und Asana sind sehr gut und wirksam vor Japam und Meditation, da sie Körper und Geist von Trägheit und Verschlafenheit befreien. Das Bewußtsein wird gefestigt, mit neuer Kraft und Frieden erfüllt.

16. Man kann Asanas auf den Sandbänken der Flüsse und in freier Luft am Strand ausüben. Wenn du sie in einem Zimmer ausführst, mußt du achtgeben, daß es nicht staubig ist.

17. Vedanta-Anhänger fürchten Asanas, weil sie Dehadhyasa (falsche Identifizierung mit dem Körper) verstärken und das Streben nach Entsagung *(vairagya)* erschweren. Ich kenne viele Vedantisten in kränklichem, verfallenem Zustand. Sie können sich kaum mehr einer strengen geistigen Schulung

unterwerfen und nur noch mehr oder weniger mechanisch OM, OM, OM lallen. Deshalb haben sie auch nicht mehr genügend Kraft, um sich zu Brahmakara Vritti (den höchsten geistigen Eigenschaften), zu erheben.

18. Der Körper ist eng mit dem Geist verbunden. Ein kranker, schwacher Körper ist empfindungslos *(jada)*. Der Körper als wichtiges Werkzeug der Selbstverwirklichung muß sauber, stark und gesund gehalten werden.

Mudras und Bandhas

Mudras und Bandhas sind bestimmte Körperhaltungen, durch die man mit Erfolg Kundalini zu erwecken vermag. Im Gheranda Samhita wird eine Beschreibung der fünfundzwanzig Mudras und Bandhas gegeben. Die wichtigsten sind die folgenden zwölf:

1. Mula Bandha	2. Jalandhara Bandha
3. Uddiyana Bandha	4. Maha Mudra
5. Maha Bandha	6. Maha Vedha
7. Yoga Mudra	8. Vipareethakarani Mudra
9. Kechari Mudra	10. Vajroli Mudra
11. Shakti Chalan Mudra	12. Yoni Mudra

Viele der aufgezählten Übungen sind eng miteinander verbunden, so daß in einer Übung zwei bis drei Bandhas und Mudras verwendet werden.

Yogaübungen, in der richtigen Weise regelmäßig ausgeführt, werden den Schüler mit allem beschenken, was er sich wünschen kann und ihn von Krankheiten heilen.

Mula Bandha

Man drückt mit der linken Ferse gegen die Wurzel *(yoni)* und mit der rechten gegen den Bereich oberhalb des Zeugungsorganes und preßt den After zusammen. Zieht man nun die Luft im Nervenstrom, die den Auswurf der Exkremente bewirkt *(apana vayu)* und die natürlicherweise abwärts drückt, nach oben, so ist dies Mula Bandha. Prana Vayu verbindet sich mit Apana, und die neue Einheit Prana-Apana-Vayu wird zu Sushumna Nadi hingeführt. So erlangt der Yogi Vollkommenheit im Yoga und erweckt Kundalini. Der Yogi erfreut sich der Vereinigung mit Shiva *(shiva-pada)* im Sahasrara-Chakra und empfängt alle göttliche Herrlichkeit *(vibhutis)* und Fülle *(aishwarya)*. Verbindet sich Apana mit Prana, erklingen mystische innere Töne *(anahata)*. Da dieser höchste Zustand nicht beim ersten Versuch erreicht werden kann, sollte man die Übung häufig wiederholen.

Bandhas und Mudras führen in die Übung des Pranayama zur Vollendung. Mula Bandhu ermöglicht vollkommene Entsagung und stärkt Nerven und Verdauung. Sie läßt sich mit Übungen der Konzentration, Meditation, mit Pranayama und allen anderen Yogaübungen verbinden.

Jalandhara Bandha

Man zieht den Hals zusammen und drückt das Kinn fest gegen die Brust. Dieses Bandha führt nach Beendigung des Einatmens *(purak)* und während des Anhaltens des Atems *(kumbhak)* aus. Es verhindert, daß der Nektar, der aus dem Sahasrara-Chakra durch den Gaumen zum Rückgrat dringt, bei der Verbrennung, die sich in der Nabelgegend vollzieht, zerstört und dadurch vergeudet wird.

Uddiyana Bandha

Das Sanskrit-Wort *uddiyana*, aus den Wurzeln *ut* und *di* stammend, bedeutet »Emporfliegen«, denn mit Hilfe dieses Bandha strömt Prana Sushumna Nadi hinauf.

Man leert die Lungen mit Hilfe einer starken, gewaltsamen Ausatmung durch den Mund, wobei man die Eingeweide über und unter dem Nabel zusammenzieht und sie gegen den Rücken preßt, so daß sie hoch oben im Brustkorb am Rücken anliegen.

Man führt diese Übung bei Beendigung des Atemanhaltens *(kumbhak)*, vor Beginn des Ausatmens *(rechak)* aus. Das Zwerchfell wird angehoben und die Bauchmuskeln nach rückwärts gezogen.

Diese Übung läßt sich leicht ausführen, wenn man den Rumpf nach vorwärts beugt. Sie ist die erste Stufe von Nauli Kriya, die man beherrschen muß, bevor man Nauli ausführt. Während man Nauli Kriya im allgemeinen stehend übt, kann man Uddiyana Bandha sitzend oder stehend ausführen. Im Stehen halte man die Hände auf den Schenkeln.

Die Übung trägt viel zur Aufrechterhaltung von Brahmacharya (Keuschheit) bei und verleiht wunderbare Gesundheit, Kraft und Vitalität. Mit Nauli Kriya verbunden stärkt sie in hohem Maße die innere Verbrennung. Beide Yogaübungen beheben Verstopfung und Unregelmäßigkeiten in der Verdauung und stärken die Bauchmuskeln. Dadurch nehmen sie den Fettansatz des Bauches. Auch bei chronischen Erkrankungen von Magen und Eingeweiden, bei denen alle Mittel versagen, haben Uddiyana und Nauli schnellen, durchgreifenden und wunderbaren Erfolg erzielt.

Wenn man Pranayama mit Mula Bandha, Jalandhara Bandha und Uddiyana Bandha verbindet, ist dies Bandha Traya.

Maha Mudra

Diese Übung ist das wichtigste der Mudras und wird darum Maha Mudra (große Handhaltung) genannt. Man drückt die linke Ferse fest gegen den After und streckt das rechte Bein mit durchgedrücktem Knie aus. Dann versucht man die Zehen des rechten Fußes mit beiden Händen zu fassen, atmet ein und hält den Atem an.

Dabei preßt man das Kinn fest gegen die Brust *(jalandhara bandha)* und konzentriert den inneren Blick zwischen den Augenbrauen *(bhrumadhya drishti)*. In dieser Stellung verharrt man solange wie möglich und atmet dann langsam aus. Dies übt man zuerst mit dem linken, dann mit dem rechten Bein sechsmal am Morgen und am Abend.

Diese Übung heilt Schwindsucht, Hämorrhoiden, Vergrößerung der Milz, schlechte Verdauung, chronisches gastrisches Fieber und Verstopfung. Sie verlängert die Lebensdauer. Im allgemeinen führt der Yogi Maha Mudra zusammen mit Maha Bandha und Maha Vedha aus, eine gute Verbindung, die große seelische Kräfte vermittelt.

Maha Bandha

Maha Mudra ist die vorbereitende Übung für Maha Bandha: Man preßt die linke Ferse gegen den After und legt den rechten Fuß auf den linken Schenkel. Dann spannt man die After- und Dammuskeln und zieht Apana Vayu (die Luft aus dem Nervenstrom in der Bauchgegend) nach oben. Die langsam eingeatmete Luft hält man so lange wie möglich mit Hilfe von Jalandhara Bandha an und atmet dann langsam aus. Dies übt man erst auf der linken, dann auf der rechten Seite. Der Yogi erlangt durch diese Übung seelische Kräfte und zieht Verfall und Tod hinaus.

Maha Vedha

Man sitzt in Maha Bandha-Stellung, atmet langsam ein und hält den Atem an. Dabei preßt man das Kinn gegen die Brust und legt die Handflächen auf den Boden, so daß der Körper auf ihnen ruht. Nun hebt man langsam das Gesäß und stößt es wieder leicht auf den Boden zurück. Die Stellung muß richtig und unbeweglich eingenommen sein, ehe man das Gesäß anhebt. Zwischen Maha Mudra, Maha Bandha und Maha Vedha besteht kein großer Unterschied. Sie sind gleichsam drei Stufen einer Übung, die dem Yogi seelische Kräfte verleiht und die Lebensdauer verlängert.

Yoga Mudra

Man setzt sich in Padmasana-Stellung hin und legt die Handflächen auf die Fersen. Dann atmet man langsam aus und beugt sich nach vorwärts, bis man den Boden mit der Stirn berührt.

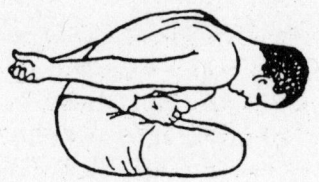

Hat man diese Stellung eine Zeitlang eingenommen, kann man versuchen, wie gewöhnlich zu atmen, oder man kehrt zur Ausgangsstellung zurück und atmet dann ein. Anstatt die Hände auf die Fersen zu legen, kann man sie auch auf den Rücken legen und das linke Handgelenk mit der rechten Hand umschließen. Diese Stellung befreit von den verschiedensten Beschwerden des Bauches.

Vipareethakarani Mudra

Man legt sich auf den Rücken und hebt die ausgestreckten Beine hoch. Das Gesäß stützt man mit den Händen, wobei die Ellenbogen auf dem Boden liegen. So bleibt man unbeweglich. Die Sonne wohnt an der Nabelwurzel, der Mond an der Wurzel des Gaumens. Den Vorgang, durch den die Sonne nach oben und der Mond nach unten geführt, also beide vertauscht werden, nennt man Vipareethakarani Mudra. Am ersten Tag soll man diese Übung eine Minute lang ausführen, später die Dauer bis zu drei Stunden erhöhen. Nach sechs Monaten schwinden Runzeln und graue Haare. Da die Verbrennung zunimmt, sollte man nach einer längeren Übung leichte Erfrischungen wie Milch zu sich nehmen. Auch die Sirshasana-Stellung wird Vipareethakarani Mudra genannt.

Kechari Mudra

Kha bedeutet Akasa (Äther) und *Chari* »bewegen«. Der Yogi bewegt sich im Äther; Sprache und Bewußtsein wirken dort. Darum heißt die Übung Kechari Mudra.

Diese Übung kann nur ausführen, wer zuvor die vorbereitenden Übungen beherrscht und wer von einem Guru, der selbst in Kechari Mudra erfahren ist, unterwiesen wird. Die vorbereitende Übung besteht darin, die Zunge so lang auszudehnen, daß ihre Spitze den Zwischenraum zwischen den Augenbrauen berühren kann. Der Guru wird dafür die untere Sehne der Zunge mit einem breiten, sauberen Messer jede Woche ein wenig abschneiden. Einreiben mit Salz und Puder aus Gelbwurz werden das Zusammenwachsen der Schnittstelle verhindern. Sechs Monate lang sollte dieses Abschneiden der unteren Sehne regelmäßig einmal in der Woche vollzogen werden. Die Zunge wird dabei mit frischer Butter eingerieben und herausgezogen, mit den Fingern festgehalten und hin und her bewegt. Dieses Melken der Zunge gleicht dem Melken des Kuheuters. Auf diese Weise wird man die Zunge so stark verlängern, daß sie die Stirn zu berühren vermag. Das ist die Vorbereitung für Kechari Mudra.

Nun setzt man sich in Siddhasana-Stellung und dreht die Zunge nach oben und hinten, so daß sie den Gaumen berührt und die inneren Nasenöffnungen mit ihrer unteren Seite verschließt. Dabei konzentriert man den Blick zwischen die Augenbrauen. Prana wird auf diese Weise Ida und Pingala verlassen und zum Sushumna Nadi aufsteigen. Die Atmung hält an, während die Zunge auf der Öffnung der Quelle des Nektars liegt. Das ist Kechari Mudra.

Die Übung dieses Mudras befreit von Krankheiten, Zerfall, Alter und Zerstörung und macht den Schüler zum vollkommenen Yogi *(oordvareta)*. Da sich sein Körper mit Nektar füllt, wird selbst stärkstes Gift ihm nichts mehr schaden. Kechari ist der beste Mudra zur Erlangung höchster seelischer Kräfte.

Vajroli Mudra

Dies ist eine wichtige Übung des Hatha-Yoga, die große Anstrengung verlangt, um vollkommen ausgeführt zu werden. Nur sehr wenige Menschen vermögen dies. Der Schüler zieht zuerst Wasser durch eine silberne Röhre (ein extra angefertigter Katheter) ein, die etwa dreißig Zentimeter tief in die Harnröhre eingeführt wird. Am ersten Tag sollte man den Katheter nur zwei bis drei Zentimeter in die Harnröhre einführen, am zweiten Tag fünf Zentimeter, am nächsten etwa sieben Zentimeter und so fort. Man muß langsam vorangehen, bis der Weg offen ist und sich weitet und man dreißig Zentimeter einführen kann. Nach genügend Übung wird Milch, Öl oder Honig eingezogen, zuletzt Quecksilber. Später können diese Flüssigkeiten direkt ohne Röhre eingeführt werden. Diese Übung ist ungeheuer wichtig für die Aufrechterhaltung vollkommener Keuschheit. Nicht einen Samentropfen vergießt der Yogi, der diesen Mudra übt. Und sollte es geschehen, kann er ihn durch diesen Mudra wieder zurückziehen. Wer seinen Samen hinaufzieht und bewahrt, kann den Tod besiegen.

Der Zweck des Vojroli Mudra ist vollkommene Keuschheit. Wenn Anfänger dieses Mudra üben, lenken sie ihre Gedanken unbewußt auf sexuelle Zentren und können deshalb keinen Erfolg haben. Strengste Keuschheit aber ist unbedingt erforderlich. Kein Gedanke an eine Frau oder eine geschlechtliche Beziehung darf aufsteigen. Es wäre törichte Täuschung und Verkennung seines Sinnes, dieses Mudra für Geburtenkontrolle anwenden zu wollen.

Übung von Mula Bandha, Maha Bandha, Maha Mudra, Asanas und Pranayamas werden zum Verständnis und Erfolg dieses Vajroli Mudra beitragen. *Doch bedarf es der unmittelbaren Führung eines Gurus.*

Shakti Chalan Mudra

Man setzt sich in einem abgelegenen Raum in Siddhasana-Stellung und zieht gewaltsam Luft ein, die man mit Apana verbindet. Nun führt man Mula Bandha aus, bis die Luft in Sushumna Nadi eintritt. Durch Anhalten der Luft fühlt sich Kundalini betroffen und erwachend findet sie ihren Weg durch Sushumna zum Scheitelpunkt des Kopfes, Brahmarandhra.

Nun ergreift man den einen Fuß am Knöchel und schlägt ihn leicht gegen die Wurzel *(khanda)*. Diese Methode, Kundalini zu erwecken, nennt man Tadan Kriya. Seelische Kräfte werden dem Yogi zuteil.

Yoni Mudra

In der Siddhasana-Stellung sitzend, schließt man beide Ohren mit den Daumen, die Augen mit den Zeigefingern, die Nasenlöcher mit den Mittelfingern, die Oberlippen mit den Ringfingern und die Unterlippen mit den kleinen Fingern. Dies ist eine wunderbare Stellung für Japam, um zu versinken und über die Shat-Chakras und Kundalini zu meditieren; aber sie ist nicht leicht und fordert manche Anstrengung. Zum sicheren Erfolg bedarf es vollkommener Keuschheit. Man muß sich über die Bedeutung dieses Mudras klar sein und es mit großer Sorgfalt üben. Vajroli Mudra wird auch bisweilen Yoni Mudra genannt.

Weitere Mudras

Es gibt noch Sambhavi, Manduki, Aswini Tadagi, Mantangini Buchari, Aghori und verschiedene andere, weniger wichtige Mudras.

1. Maha Mudra, Maha Bandha und Maha Vedha bilden eine Gruppe; Mula Bandha, Uddiyana Bandha und Jalandhara Bandha eine andere. Mula Bandha wird während Purak (Einatmung), Kumbhak (Anhalten des Atems) und Rechak (Ausatmung) geübt. Uddiyana Bandha wird während Rechak, Jalandhara Bandha während Kumbhak geübt.

2. Wie alle anderen Yogaübungen sollten Mudras und Bandhas mit leerem Magen ausgeführt werden. Ebenso gelten die übrigen allgemeinen Hinweise, die für Asanas und Pranayamas gegeben wurden, und auch bei den Mudras.

3. Die Wohltaten der Mudras sind auf ihre Verbindungen mit Pranayama, Asanas, Japam und andere Yoga-Übungen zurückzuführen.

4. Kechari Mudra darf nur unter direkter Anleitung eines Kechari-Gurus ausgeführt werden. Das Abschneiden der unteren Zungensehne sollte sorgfältig in regelmäßigen Zeitabständen ausgeführt werden. Der Schüler sollte aber nicht älter als fünfundzwanzig Jahre sein, da seine Nerven und Muskeln sonst schon zu steif sind.

5. Kechari, Shakti Chalan, Vajroli und andere fortgeschrittene Übungen dürfen nicht ohne weiteres von jedem Schüler geübt werden. Erst sollte ein Guru feststellen, ob sie die Vorbedingungen für diese fortgeschrittenen Übungen erfüllen.

6. Uddiyana Bandha wird auch Tadagi Mudra genannt. Seet Krama und Vyut Krama, die früher beschrieben wurden, heißen auch Mathangini Mudra. Ständig wiederholtes Mula Bandha wird Aswini Mudra genannt.

7. Wer nicht die vorbereitenden Übungen für Kechari Mudra (verlängerte Zunge) beherrscht, kann die Zunge einfach ver-

dreht am Gaumen halten. Das ist Nabko Mudra oder Nau-
duki Mudra.
8. Wirklichen Erfolg bei den Mudras kann man nur nach intensiver Konzentration erlangen, wie im Folgenden noch darge-
legt wird.

Verschiedene Übungen

Laya-Yoga

Laya ist der Bewußtseinszustand, in dem man alle Gegenstände
der Sinne vergißt und sich ganz in den Gegenstand der Meditation versenkt. Laya ermöglicht vollkommene Beherrschung der
fünf Eigenschaften *(tattwas)*, des Bewußtseins und der Sinne
(indriyas) und setzt dem Umherschweifen der Gedanken ein
Ende. Bewußtsein, Körper und Lebenskraft *(prana)* sind der
Kontrolle vollkommen unterworfen.

Sambhavi Mudra ist für Laya-Yoga eine wirksame Vorbereitung zur Konzentration auf irgendeines der Chakras. Übung des
Tratak spielt eine große Rolle, um in Laya-Yoga Erfolg zu
erlangen. Durch sie wird der Yogi in Samadhi eingehen und ein
Jivanmukta, ein im Leben Befreiter, werden.

Anahat-Töne

Anahat-Töne sind die mystischen Klänge, die der Yogi während der Meditation vernimmt. Sie sind Zeichen gereinigter
Nadis. Manche Schüler können diese Klänge deutlich mit dem
einen oder anderen Ohr vernehmen, andere mit beiden Ohren.
Es gibt sowohl laute wie subtile Töne. Mit den lauten beginnend,
muß man zu den subtilen und zu den noch subtileren übergehen.
Anfänger werden die Töne nur mit geschlossenen Ohren vernehmen. Fortgeschrittene Schüler können sich auf die Anahat-
Töne selbst mit offenen Ohren konzentrieren. Diese Klänge, die

auch Omkara Dhwani heißen, entstammen dem Anahat-Zentrum des Sushumna Nadi.

Man setzt sich mit geschlossenen Augen in die gewohnte Stellung, schließt die Ohren mit den Daumen und lauscht auf den inneren Ton, der taub macht für alle äußeren Klänge. Zu Beginn wird man viele laute Töne hören; später klingen sie milder. Hat das Bewußtsein sich erst einmal auf einen Ton konzentriert, wird es an diesem festhalten und sich in ihn versenken. Das Bewußtsein wird gegen äußere Eindrücke unempfindlich und eins mit dem Ton selbst, wie Milch sich mit Wasser vereint. Bald wird es so völlig in den inneren Ton versinken, daß es in Chit-Akasa (mentalen Äther) eingeht, und nicht mehr nach sinnlichen Gegenständen oder Zerstreuung strebt.

Der Ton, der von Pranava Nada, Brahma, ausgeht, ist voller Glanz. In ihm versinkt das Bewußtsein, das aber nur so lange besteht, solange es Töne gibt. Ihr Aufhören führt zu dem höchsten Zustand, Turiya, dem Zustand geistiger Bewußtlosigkeit. Das Bewußtsein wird mit Prana zugleich durch ständige Konzentration auf Nada *(anahat)* aufgesogen. Der Körper erscheint wie ein Holzklotz und fühlt weder Hitze noch Kälte, weder Freude noch Schmerz.

Nada, der innere Ton, ist von zehnfach verschiedener Art. Der erste Ton Chini entspricht dem Wortklang; der zweite Ton ist Chini-bhini; der dritte ein Glockenton; der vierte der Ton einer Muschelschale. Der fünfte ist der Ton einer Laute; der sechste einer Cymbel; der siebente einer Flöte. Der achte Ton ist der Ton einer Trommel *(bheri)*; der neunte der Ton einer Doppeltrommel *(mridhanga)*; der zehnte ist Donnergetöse.

Man vernimmt den Ton nicht gleich nach dem Schließen des Ohres, sondern muß erst seine Gedanken auf einen Punkt konzentrieren. Den bestimmten Ton, den man an einem Tag hört, muß man nicht unbedingt auch am nächsten vernehmen. Aber einen der zehn Töne wird man jeden Tag hören.

Im Vorstehenden ist Laya (Auflösung) durch Nada, den inneren Ton *(anahat)* beschrieben. Ebenso kann Laya auch durch

Konzentration auf die Nasenspitze *(nasikagra drishti)* oder auf den Zwischenraum zwischen beiden Augenbrauen *(brumadhya dristhi)*, durch Meditation über die fünf Tattwas, über Soham Mantram, Aham Brahma Asmi (Ich bin Brahma), Tat Twan Asi (Das bist Du) und durch andere Methoden geübt werden.

Bhakti–Yoga

(Die Arten der Hingabe)

Auf der untersten Stufe des Bhakti-Yoga liegt als niedrigste Form der Verehrung die Verehrung der Elemente und der abgeschiedenen Geister. Dann folgt die Verehrung der Rishis, Devas und Pitrus. Jeder hat den Glauben, der seiner Natur entspricht, denn der Mensch besteht aus dem, woraus sein Glaube gebildet ist. Er ist, was er glaubt. Die dritte Stufe umfaßt die Verehrung von Avataras (Meistern), wie Sri Rama, Krishna, Narasimha, Hanuman. Diese vier Stufen des Bhakta verehren Gestaltetes *(saguna)*. Die folgenden verehren Brahma ohne Eigenschaften *(nirguna upasana)*. Dies ist die höchste Form, die geistigen Menschen mit großem Willen und Erkenntnisvermögen eigen ist. Sie wird Ahamgra Upasana oder Jnana-Yoga Sadhana genannt. Man kann Bhakti durch die folgenden neun Methoden entwickeln:

Sravan	– Das Hören der Worte Gottes
Smaran	– Stetes Erinnern an Gott
Kirtan	– Lobgesang Gottes
Vandana	– Gebete zu Gott
Archana	– Opfergaben für Gott
Pada Seavan	– Aufmerksamkeit
Sakhya	– Freundschaft
Dasya	– Dienst für Heilige
Atma neivedhan	– Unterwerfung unter einen Guru oder Gott.

Sri Ramanuja empfiehlt folgende Methoden für die Entwicklung des Bhakti:

Viveka	– Unterscheidung
Vimoka	– Befreiung von aller Bindung und Sehnsucht nach Gott
Abhyas	– Unaufhörliches Denken an Gott
Kriya	– Anderen Gutes tun
Kalyana	– Allen Gutes wünschen
Satyam	– Wahrhaftigkeit
Arjavam	– Lauterkeit
Daya	– Mitleid
Ahimsa	– Nicht-Gewaltsamkeit
Dana	– Barmherzigkeit.

Die Yogis, die gesegnet waren, die Gottesschau in der Hingabe zu erlangen, wurden schon mit einer Fülle geistiger Anlagen geboren, als Früchte ihrer Hingabe in früheren Geburten. Die letzte Verkörperung verlangte keine besonderen Übungen *(sadhana)* mehr, denn ihre Hingabe war dank der Kraft früherer Eindrücke natürlich und unmittelbar. Im allgemeinen muß der Schüler bestimmte schwierige Methoden anwenden und eine besondere geistige Schulung durchlaufen, um Bhakta ohne Verzug zu entwickeln. Neue Gräben, neue Kanäle müssen tief in das alte, steinige, lieblose Herz eingegraben werden. Durch unaufhörliches Beten, Japam, Kirtan, durch Dienst an Bhakti-Yogi, Barmherzigkeit, Gelübde, Enthaltsamkeit, Meditation und Samadhi kann der Bhakti sein Bewußtsein auf eine höhere Ebene erheben und höchste Weisheit *(para bhakti)*, höchsten Frieden erlangen. Auf einer solchen höheren Meditationsstufe werden der Meditierende und das Meditierte, der Verehrende und das Verehrte, Upasak und Upasya eins. Dhyana (Meditation) endet in Samadhi, wenn die Übung ohne Unterbrechung und regelmäßig durchgeführt wird.

Der Hatha-Yogi erreicht die höchste Stufe durch Übung verschiedener Mudras, Bandhas, Asanas und anderer Übungen.

Ein Jnana-Yogi erreicht sie durch Üben von Sravan (Hören der Schriften), Manan (unaufhörliches Nachdenken) und Nidhidyasan (tiefe Meditation). Der Karma-Yogi bedarf selbstloser Werke *(nishkamya seva)*, der Bhakti-Yogi der Hingabe *(bhakti)* und der Selbstaufgabe, der Raja-Yogi tiefer Konzentration und Bewußtseinsveränderung. Das Ziel ist in allen Fällen das gleiche, nur die Wege sind verschieden.

Konzentration und Meditation über die ursprüngliche Energie, Shakti, ist nur eine Abart der Jnana-Yoga-Schulung. Konzentration und Meditation auf die verschiedenen Chakras und Nadis und das Erwecken der Shakti Kundalini durch physische Mittel gehören dem Hatha-Yoga an. Konzentration und Meditation über die Devata, die göttliche Herrin der verschiedenen inneren Chakras, kann als fortgeschrittene Methode des Bhakti-Yoga angesehen werden. Um schnellen Erfolg zu erzielen, müssen diese Methoden miteinander verbunden werden.

Wenn der Bhakti-Yogi über die herrschende Gottheit und die Devata meditiert, stellt er sich in jedem Chakra eine bestimmte Form Gottes vor. In Büchern über Mantrams werden für jedes Chakra ausführliche Beschreibung von Gott und der Devata gegeben. Je nach dem Temperament des Schülers wandelt sich die Gestalt der Gottheit. Die Erfahrungen und Gefühle der Schüler unterscheiden sich in allen Fällen. Deshalb sollen hier nicht Beschreibungen aller Devas und Devatas gegeben werden. Meditiert man mit geschlossenen Augen über die inneren Chakras, werden verschiedene Visionen und verschiedene Gestalten Gottes erschaut. Das ist das höchste Ziel, das der Mensch erwarten kann; nur dies ermöglicht ihm wirkliche Entwicklung. Die allgemeinen Beschreibungen über Kundalini-Yoga, die in dem theoretischen Teil dieses Buches gegeben wurden, tragen sicher wesentlich zur Konzentration und Meditation über die Chakras bei.

Das Erwecken der Kundalini kann auch durch Mantrams geschehen, die ein Teil des Bhakti-Yoga sind. Die Schüler sollten das Mantram, das ihnen ihr Guru gibt, möglichst häufig wiederholen. Befindet sich ein entwickelter Yogi außerhalb seines Wachbewußtseins, gibt der Guru ihm ein bestimmtes Mantram und sofort erwacht Kundalini. Sein Bewußtsein wird auf eine hohe Ebene emporgehoben, wenn er genügend Vertrauen in Guru und Mantram hat. Die Mantrams, die der Guru einem Schüler persönlich gibt, sind sehr wirksam. Schüler des Kundalini-Yoga sollten deshalb die Mantram-Schulung nur beginnen, wenn sie von ihrem Guru ein eigenes Mantram empfangen haben. Aus Büchern gelernte Mantrams können keinerlei Segen bringen. Ein Guru aber wird ein bestimmtes Mantram auswählen, um das Bewußtsein des Schülers zu erwecken.

Vollkommenheit im Kundalini-Yoga

Acht größere Kräfte

Ein vollkommener Meister des Kundalini-Yoga besitzt acht größere Siddhis: Anima, Mahima, Laghima, Gharima, Prapti, Prakamya, Vasitwam und Ishatwam.

1. Anima: Der Yogi kann sich so stark verkleinern wie er will.
2. Mahima: Im Gegensatz zu Anima kann der Yogi sich so sehr vergrößern wie er will. Er kann das ganze Weltall mit seiner Größe ausfüllen.
3. Laghima: Er kann seinen Körper gewichtlos machen, wie eine Feder oder Watte und vermag in der Luft zu schweben (*vayusthamban*). Durch Einsaugen von viel Luft (*plavini pranayama*) verliert der Yogi an spezifischem Gewicht. Mit Hilfe von Laghima durchquert er die Luft und kann Tausende von Meilen in einer Minute zurücklegen.

145

4. Gharima: Im Gegensatz zu Laghima kann der Yogi so viel er mag an spezifischem Gewicht zunehmen. Durch Einsaugen von viel Luft kann er seinen Körper so schwer machen wie einen Berg.

5. Prapti: Der Yogi kann die höchsten Dinge berühren, während er auf der Erde steht. Er kann Sonne, Mond oder Himmel berühren. Durch Prapti empfängt er von ihm gewünschte Gegenstände und übernatürliche Macht. Er empfängt die Gabe, die Zukunft vorauszusagen, hellzusehen, hellzuhören, Gedanken zu lesen und verfügt über telepathische Fähigkeiten. Er vermag die Sprache von Tieren und Vögeln, auch ihm unbekannte menschliche Sprachen zu verstehen.

6. Prakamya: Er kann im Wasser untertauchen und jederzeit wieder aufsteigen. Der verstorbene Swami Trilinga aus Benares lebte gewöhnlich sechs Monate unter dem Wasserspiegel des Ganges. Auf diese Weise kann sich der Yogi unsichtbar machen. Manche Schriftsteller verstehen unter Prakamya auch die Kraft, in den Körper eines anderen einzugehen (parakaya pravesh). Sri Sankara ging in den Körper von Raja Amara in Benares ein. Tirumular und Raja Vikramaditya in Süd-Indien gingen ein in den Körper eines Schafhirten. Durch diese Kraft kann man sich auch lange Zeit ein jugendliches Aussehen erhalten, wie dies Raja Yayati tat.

7. Vasitwam: Es ist die Kraft, wilde Tiere zu bändigen und zu zähmen, die Kraft, Menschen den eigenen Willen, Befehlen und Wünschen zu unterwerfen, die Kraft, Leidenschaften und Erregungen zu zügeln, Männer, Frauen und Elemente zu beherrschen.

8. Ishatwam: Es ist die Erlangung göttlicher Kraft, durch die der Yogi zum Herrn des Weltalls wird. Wer über diese Kraft verfügt, kann den Toten Leben einflößen. Kabhir, Tulsi, Das, Swami Akalkot und andere besaßen diese Macht und konnten Tote zum Leben zurückführen.

Kleinere Kräfte

Der Yogi kann die folgenden kleineren Kräfte erlangen:
 1. Befreiung von Hunger und Durst.
 2. Befreiung von den Auswirkungen der Hitze und Kälte.
 3. Befreiung von Haßgefühlen *(raga-dwesha)*.
 4. Hellsehen *(doora darshan)*.
 5. Hellhören *(doora Sravan)*.
 6. Gedanken beherrschen *(mano java)*.
 7. Annehmen jeder beliebigen Form *(kama rupa)*.
 8. Eingehen in einen anderen Körper *(parakaya pravesh)*.
 9. Sterben nach eigenem Willen *(iccha mrityu)*.
10. Devas erblicken und mit ihnen spielen *(devanam saha kreeda* und *darshan)*.
11. Erlangen alles Erwünschten *(yatha sankalpa)*.
12. Erkennen der Vergangenheit, Gegenwart, Zukunft *(trikala jnana)*.
13. Überwinden der Gegensätze *(adwandwa)*.
14. Prophezeien *(vach siddhi)*.
15. Verwandeln von niederem Metall in Gold.
16. Annahme beliebig vieler Körper, um das Karma in einem Dasein auszuleben *(kaya vyuha)*.
17. Springen wie ein Frosch *(darduri siddhi)*.
18. Beherrschung der Begierden und Vernichtung von Sorgen und Krankheiten *(patala siddhi)*.
19. Erkennen der Vergangenheit.
20. Erkennen der Sterne und Planeten.
21. Wahrnehmung geistiger Kräfte *(siddhas)*.
22. Beherrschung der Elemente *(bhuta jaya)* und Lebenskraft *(prana jaya)*.
23. Nach jeder Richtung ungehinderte Bewegung *(kamachari)*.
24. Allmacht und Allwissenheit.
25. Schweben in der Luft *(vayu siddhi)*.
26. Auffinden verborgener Schätze.

Ein Yogi vergißt seinen Körper, um seine Gedanken auf die Gottheit zu konzentrieren.

Er besiegt Kälte und Hitze, indem er den Atem und das Nervensystem beherrscht.

Er erzeugt psychische Hitze im Körper durch Übung von Bhastrika Pranayama.

Er kann ohne Unbehagen die stärksten klimatischen Gegensätze ertragen.

Er sitzt im Schnee und schmilzt ihn mit der Wärme, die er in seinem Körper erzeugt.

Ein Yogi bedeckt seinen Körper mit einem Tuch, das in sehr kaltes Wasser getaucht ist und trocknet es durch seine Körperwärme. Einige Meister haben dreißig Tücher in einer Nacht getrocknet.

Ein vollkommener Yogi verbrennt am Ende seines irdischen Lebens seinen Körper durch die Hitze, die er kraft seiner Yogafähigkeiten selbst erzeugt.

1. Durch Yoga erlangt der Yogi einen vollkommenen physischen Körper. Die Vollkommenheit des Körpers besteht in Schönheit, Anmut, Stärke und eisernem Willen. Die Fähigkeit, äußerste Kälte und Hitze zu ertragen (titiksha), ohne Wasser und Nahrung zu leben und andere ähnliche Fähigkeiten gehören zu Kaya Sampat (Körpervollendung).

2. Da der Körper des Yogi standhaft und vollkommen ist, sind auch seine Gedanken fest und auf einen Punkt gerichtet. Durch Konzentration und Meditation erreicht der Yogi die höchste Stufe auf der Leiter des Yoga. Er empfängt im Samadhi Unsterblichkeit und erlangt die acht höheren und alle niederen Siddhis.

3. Das Erlangen der Kräfte hängt ab von dem Ausmaß der Konzentration auf die verschiedenen Chakras und Tattwas und von der Erweckung der Kundalini. Die Übungen von

Mudras, Bandhas, Asanas und Pranayama tragen wesentlich zur Erlangung der Kräfte bei.

4. Das gewünschte Ziel kann auf verschiedene Arten erreicht werden. Führt eine bestimmte Übung nicht zum Erfolg, so muß der Schüler eine andere wählen.

5. Mehrere der acht höheren Kräfte kann der Schüler in diesem dunklen Zeitalter (Kali Yuga) überhaupt nicht erlangen, da Körper und Geist der meisten nicht aufnahmefähig für sie sind. Trotzdem gibt es auch heute Siddhas, die über diese Kräfte verfügen. Bittet man sie, die eine oder andere dieser Fähigkeiten vorzuführen, weichen sie gewöhnlich aus und behaupten, sie nicht zu besitzen. Sie legen auf die Übungen selbst keinen besonderen Wert, sondern halten sie für unwichtig und erstreben als wirkliche Yogis allein das höchste Ziel.

6. Man kann die Gedanken anderer lesen. Durch Singen von Mantrams oder allein durch Berührung können manche das Gift der Kobra unschädlich machen. Durch einfache Naturmittel werden unheilbare Krankheiten geheilt. Manche vermögen anderen genau Vergangenheit, Gegenwart und Zukunft zu enthüllen oder die Art ihres Denkens zu verwandeln. Andere wieder können astrale Wesenheiten erblicken oder sie können den Schlag des Herzens zum Schweigen bringen.

7. In der heutigen Zeit wird es keinen geben, der über alle seelischen Kräfte verfügt. Hat er gewisse Fähigkeiten erlangt, wird er, getäuscht durch Maya und Selbstzufriedenheit *(tushti)*, den geistigen Weg verlassen und die Kräfte zum Erfolg und Ruhm seines eigenen Lebens verwerten. Darum – und nicht infolge eines Fehlers der Yogaübungen – erlangt der Schüler nicht Vollkommenheit. So besteht kein Anlaß, den Glauben an die Yogaübungen zu verlieren, denn Glauben, Aufmerksamkeit, Lauterkeit und Wahrhaftigkeit werden bestimmt zum Erfolg führen.

Konzentration (Dharana)

1. Man soll die Gedanken auf einen Gegenstand im Körper oder außerhalb des Körpers konzentrieren und sie dort für einige Zeit festhalten. Konzentration muß täglich geübt werden.

2. Ehe man mit der Konzentration beginnt, reinigt man das Bewußtsein durch Yama oder Niyama. Ohne Reinheit ist Dharana nutzlos. Schüler, die Konzentrationsfähigkeit, aber keinen guten Charakter besitzen, werden keine Fortschritte im Geistigen machen.

3. Wer unbeweglich eine Stellung einnimmt und die Yoga Nadis gereinigt hat, kann sich leicht konzentrieren. Die Konzentration verstärkt sich, wenn der Schüler alle Zerstreuung meidet. Wer wirklich keusch *(brahmachari)* ist, wer sich seine Samenenergie *(veerya)* erhält, wird wunderbare Konzentration besitzen.

4. Törichte, ungeduldige Schüler beginnen gleich mit der Konzentration ohne vorbereitende ethische Schulung. Das ist ein ernster Fehler, da ethische Vollkommenheit von größter Wichtigkeit ist.

5. Der Schüler kann sich nach innen auf jedes der sieben Chakras konzentrieren, nach außen auf Devata, Hari, Krishna oder Devi.

6. Aufmerksamkeit spielt bei der Konzentration eine wichtige Rolle. Wer die Fähigkeit zur Aufmerksamkeit gut entwickelt hat, wird auch gute Konzentration besitzen. Wer von Leidenschaft und aller Art phantastischer Träume erfüllt ist, kann sich kaum eine Stunde auf irgendeinen Gegenstand konzentrieren, denn seine Gedanken springen wie ein Affe umher.

7. Wer Pratyahara (Zurückziehen der Sinne von äußeren Gegenständen) erlangt hat, wird ebenfalls gute Konzentration besitzen. Man muß auf dem geistigen Pfad Stufe für Stufe voranschreiten und mit Yama, Niyama, Asana, Pranayama

und Pratyahara ein Fundament legen. Der Überbau aus Dharana und Dhyana wird dann gut aufgebaut sein.

8. Der Gegenstand der Konzentation muß sehr deutlich vor Augen stehen, auch wenn er in Wirklichkeit nicht vorhanden ist. Der in der Konzentration Geübte vermag ohne große Schwierigkeiten ein Bild im Augenblick hervorzurufen.

9. Zu Beginn der Übung kann man sich auf das Ticken der Uhr, das Licht der Kerze oder auf irgendeinen anderen geeigneten Gegenstand konzentrieren. Das nennt man konkrete Konzentration. Konzentration bedarf immer eines tatsächlichen oder eines vorgestellten Gegenstandes, auf den die Gedanken sich richten. Es kann ein angenehmer oder unerfreulicher Gegenstand sein. Zu Beginn ist es meist schwierig, seine Gedanken auf einen unangenehmen Gegenstand zu konzentrieren.

10. Wer die Kraft seiner Konzentration erhöhen will, muß in seiner weltlichen Tätigkeit nachlassen und muß täglich zwei Stunden oder länger Schweigen *(mawna)* bewahren.

11. In der Konzentration darf man nicht nachlassen, ehe die Gedanken auf den Gegenstand der Konzentration fixiert sind. Entgleiten sie, muß man sie wieder zurückholen.

12. Ist die Konzentration tief und intensiv, stellen alle anderen Sinne ihre Arbeit ein. Wer eine Stunde am Tag Konzentration übt, gewinnt ungeheure psychische Kräfte und einen starken Willen.

13. Vedanta-Anhänger versuchen ihr Bewußtsein auf Atman zu fixieren. Das ist ihre Konzentration. Hatha-Yogi und Raja-Yogi konzentrieren sich auf die sechs Chakras, Bhakti-Yogi auf ihre Schutzgottheit *(ishta devata)*. Tratak und Laya-Yoga benützen andere Gegenstände zur Meditation.

14. Wer Konzentration übt, entwickelt sich schnell und vermag jede Arbeit in weniger Zeit mit gesteigerter Wirkung auszuführen. Wozu andere sechs Stunden benötigen, das kann er leicht in einer halben schaffen. Konzentration reinigt und

beruhigt aufsteigende Erregungen, stärkt den Gedankenfluß und klärt die Meinungen. Auch im weltlichen Leben hilft sie dem Menschen, der durch sie bessere Arbeit in Büro oder Fabrik verrichtet. Was dunkel und verschwommen war, wird klar und deutlich; was schwierig ist, wird leicht. Verwirrendes, Irreführendes wird verständlich.

15. Man zieht sich in ein stilles Zimmer zurück, denkt an einen Apfel, an seine Farbe, seine Form und Größe, an seine verschiedenen Teile wie Schale, Mark, Kerne und wartet, was nun geschieht. Man kann an den Ort denken, an dem der Apfel gewachsen ist, an seinen herben oder süßen Geschmack, an seinen Einfluß auf Verdauungssystem und Blut. Nach dem Gesetz der Assoziation können auch Gedanken an andere Früchte Eingang suchen. Oder aber die Gedanken beginnen zu wandern und beschäftigen sich mit einer Verabredung, einem Kauf. Man muß versuchen, eine ganz bestimmte Gedankenlinie zu halten und keine Gedanken einzulassen, die nicht mit dem betrachteten Gegenstand in Verbindung stehen. Die Gedanken werden immer trachten, in gewohnte Kanäle zurückzufließen. Dagegen muß man anfangs hart ankämpfen. Diese Anstrengung gleicht einem steilen Aufstieg. Hat man ihn hinter sich und Erfolg in der Konzentration gewonnen, wird man Freude und Glückseligkeit empfinden.

16. In gleicher Weise, wie zum Beispiel die Gesetze der Gravitation und Kohäsion auf der physischen Ebene wirken, sind Gesetze der Assoziation, Relativität, Reihenfolge in der mentalen oder Gedankenwelt am Werk. Wer Konzentration übt, muß diese Gesetze genau kennen. Beschäftigen sich die Gedanken mit einem Gegenstand, so können sie auch seine Eigenschaften, Teile usw. einbeziehen. Denkt man an eine Ursache, so kann man auch an die Wirkung denken.

17. Studiert man mehrere Male konzentriert die Bhagavad Gita, werden einem jedes Mal neue Gedanken einfallen. Konzentration führt zur Innenschau und läßt subtile, esoterische

Bedeutungen im Mentalen bewußt werden. Nun erst wird man die inneren Tiefen philosophischer Begriffe verstehen.

18. Wenn man sich auf einen Gegenstand konzentriert, darf man mit seinen Gedanken nicht kämpfen. Man soll jede Spannung im körperlichen Raum vermeiden. Freundlich, und ohne sich davon abbringen zu lassen, soll man an den Gegenstand denken. Konzentration richtig zu üben ist schwerer, wenn man sehr hungrig ist oder an einer akuten Krankheit leidet.

19. Durch Erregungen, die während der Konzentration aufsteigen, darf der Schüler sich nicht stören lassen. Sie werden sehr bald von selbst vergehen. Versucht er sie auszutreiben, müßte er seine Willenskraft einsetzen. Er soll aber gleichmütig bleiben. Die Vedanta-Anhänger treiben Erregungen mit den Worten aus: »Ich bin ein Sakshi mentaler Art. Ich kümmere mich nicht um euch. Geht wieder fort.« Der Bhakti-Yogi betet, und Hilfe wird ihm von Gott.

20. Man soll sein Bewußtsein schulen, indem man sich abwechselnd auf verschiedene Gegenstände von grobstofflicher oder subtiler Art und von verschiedener Größe konzentriert. Im Lauf der Zeit wird man lernen, gewohnheitsmäßig zu reagieren. Sofort wenn man sich zur Konzentration hinsetzt, wird man ganz leicht in der richtigen Stimmung sein.

21. Liest man ein Buch, muß man sich konzentrieren, denn es ist nutzlos, eilig über Seiten zu springen. Man soll eine Seite lesen und dann das Buch schließen, um sich auf das Gelesene zu konzentrieren und Parallelen in der Gita, in den Upanishaden zu suchen.

22. Für den Anfänger ist die Übung der Konzentration unangenehm und ermüdend, denn er muß neue Gräben in seinem Bewußtsein ziehen. Nach einiger Zeit aber – sagen wir nach zwei bis drei Monaten – erwacht starkes Interesse, und er lernt eine neue Art der Freude kennen. Konzentration ist die einzige Möglichkeit, um Elend und Verwirrung zu über-

winden. Darum ist es die wichtigste Aufgabe für den Schüler, Konzentration zu erreichen und durch diese endgültige Glückseligkeit und Selbstverwirklichung. Barmherzigkeit und königliches Opfer *(rajasuya yajna)* sind nichts im Vergleich zur Konzentration.

23. Steigen Begierden auf, so darf der Schüler nicht versuchen, ihnen Befriedigung zu verschaffen, sondern muß sie sofort zurückstoßen. Auf diese Weise werden sie allmählich vergehen, ebenso wie die Unruhe des Bewußtseins.

24. Der Schüler muß sich von jeder Art von Gedankenschwäche, von Aberglauben und falschen unbewußten Eindrükken *(samskaras)* freimachen. Nur dann wird er fähig sein, sein Bewußtsein zu konzentrieren.

NACHWORT

Ich habe einzelne Hinweise über wichtige Punkte des Kundalini-Yoga zu geben versucht und hoffe, daß dies den Schülern von Vorteil sein möge. Ich bedaure, daß der mir zur Verfügung stehende Raum nicht ausführlichere Erläuterungen zuläßt.

Alle beschriebenen Übungen sind von großem praktischem Wert, sofern der Schüler sie mit Interesse, Ernsthaftigkeit, Aufmerksamkeit und Vertrauen ausführt. Nur dann ist Erfolg im Yoga möglich, nur dann wird man seine Wohltaten empfangen.

Ich möchte meine Schüler bitten, die Übungen so oft als möglich zu wiederholen, um sie in ihrer Technik genau zu lernen. Der gesunde Menschenverstand wird dabei helfen, die richtigen Teile der Schulung auszuwählen. Nutzlos ist es, nach wenigen Tagen von einer Übung zu einer anderen überzuspringen.

»Ananta Shastram bahu Vaditaryam
Swalpascha Kalo bahavohi Vignah
Yatsara bhutam tadu pasitavyam.«

»Endlos sind die Verse *(stastras).* Viel ist zu wissen. Die Zeit ist kurz, und es gibt viele Hindernisse. Das Wesen sollte erfaßt werden.«

O Kinder des Lichts. Bücher zu studieren ist nicht Ziel des Lebens. Wendet den Blick. Befreit euch von der Herrschaft der Sinne und bringt das Bewußtsein zur Ruhe. Dann sinkt tief hinein in die göttliche Quelle und erfahrt die unendliche Glückseligkeit.

Om Santi!

Glossarium

abhyasa	Geistige Übung
abhyasin	Der Übende
acharya	Lehrer
adhara	Grund, Stütze
adhikarin	Der Ausgezeichnete
adhyatmic	Zu Atman gelangen
agni	Feuer
ahamkar	Ichprinzip, Egoismus
ajna chakra	Geistiges Zentrum zwischen den Augenbrauen
ajnana	Unwissenheit
akasa	Äther
akhanda	Ungebrochen
anahata chakra	Plexus cardiacus; Herzgeflecht
ananda	Glückseligkeit
antakaran	Vierfaches inneres Organ: Manas, Chitta, Buddhi und Ahamkar
anubhav	Erfahrung
apana	Nervenstrom, der die Bauchgegend beherrscht und seinen Mittelpunkt im After hat. Er bewirkt die Ausscheidung des Kotes; der absteigende Atem
asana	Sitz, Stellung
avidya	Unwissenheit
Bahir	Äußerlich
Basti	Reinigende Übung für verstopfte Eingeweide
bhakta	Der Verehrende
bhakti	Verehrung, Hingabe
bhav	Gefühl
bheda	Verschiedenheit; Spaltung
bhrumadhya	Der Zwischenraum zwischen den Augenbrauen
bhuta siddhi	Beherrschung der Elemente
bijd	Energie, Same, Wurzelsaft
brahmachari	Der Enthaltsame
brahmacharya	Keuschheit
brahmamuhurta	Die Zeit zwischen drei bis sechs Uhr früh, die am besten zur Meditation geeignet ist
brahmarandhra	Scheitelpunkt des Kopfes
chaitanya	Bewußtsein
chakras	Geistige Zentren in der inneren Wirbelsäule
chandra-nadi	Mondfluß; anderer Name für Ida
chendur	Zinnoberrot
chit	Weisheit, Erkenntnis
chitta	Bewußtsein
dana	Barmherzigkeit
darshan	Zusammenkunft
deha	Physischer Körper
dharana	Konzentration
dhauti	Übung zur Reinigung des Körpers
diksha	Initiation, Einweihung

dosha	Fehler, Unreinheit
drishti	Vision, Schau
dukha	Elend, Kummer
dwesha	Haß, Abstoßung
grahasthi	Familienvater, Hausvater
granti	Knoten
gulma	Chronische Gastritis
guru	Geistiger Lehrer
iccha	Begierde
ida	Nadi auf der linken Seite der Sushumna
indriyas	Sinne
jada	Leblos, empfindungslos
jada kriya	Physische Übung
japa	Wiederholung eines Mantram; Japam
jeya	Meisterschaft
jiva	Individuelle Seele
jnana indriyas	Fünf Sinnesorgane: Ohr, Haut, Auge, Zunge, Nase
kaivalya	Isolierung, Abgesondertheit
kama	Leidenschaft, Begierde
kanda	Wurzel, Quelle aller Nadis
karma indriyas	Fünf Organe der Wirksamkeit: Rede, Hände, Beine, Genitalien, After
karma	Handlung, Pflicht
kaya	Körper
kaya sampat	Vollendung des Körpers
krama	Ordnung
kripa	Gnade
kriya	Physische Handlung, Übung
krodha	Ärger
kumbhak	Anhalten des Atems
kundalini	Geheimnisvolle Kraft im Körper
lakshya	Gegenstand der Konzentration
laya	Auflösung
madhyama	Mitte, Zentrum
manan	Nachdenken, Konzentration
manas	Menschlicher Geist, Bewußtsein
mandal	Gegend, Bereich
manipura	Solarplexus in der Nabelgegend
mantra	Heilige Worte; Mantram
mata	Hochmut, Stolz
matsarya	Neid, Eifersucht
maya	Kraft der Täuschung, Schleier der Shakti
mithahara	Gemäßigte Diät
moha	Bindung; verblendete Liebe
moksha	Befreiung
mowna	Gelübde des Schweigens
mrityunjeya	Besieger des Todes
mukti	Endgültige Glückseligkeit
mula	Ursprung, Wurzel, Grund
muladhara chakra	Geistiges Zentrum am Ende der Wirbelsäule
nabhi	Nabel

nada	Anahat; Ton (innerer Klang)
nadi	Astrale Röhre, durch die Prana strömt
nasikagra drishti	Schau auf die Nasenspitze
nauli	Reinigungsübung der Bauchgegend
neti	Reinigungsübung der Nasenlöcher
nidhidhyasan	Tiefe Meditation
nirguna	Ohne Form und Eigenschaften
nishkamya karma	Handlung ohne Bindung
nishta	Meditation
nivritti marga	Pfad der Entsagung
niyama	Religiöse Regeln; zweite Stufe des Yoga
ojas	Geistige Energie
oordhvareta yogi	Yogi, dessen Samenenergie aufwärts strömt
padma	Lotus, Chakra, Bezeichnung eines Plexus
param	Höchster
pingala	Nadi auf der rechten Seite des Sushumna Nadi
poorna	Voll
prakriti	Natur; undifferenzierte Materie
prana	Lebensenergie
pranayama	Atemregelung
pratyahara	Zurückziehen der Sinne von den Gegenständen
pratyakshatwa	Unmittelbare Wahrnehmung
prem	Göttliche Liebe
prerana	Innerer Antrieb
purak	Einatmung
raga	Bindung
rajas	Leidenschaft, Bewegung
rajasic	Leidenschaftlich
rechak	Ausatmung
rupa	Form
sadhak	Geistiger Schüler
sadhan	Geistige Übungen
saguna	Mit Form
sahasrara	Geistiges Zentrum im Kopf
sakshatkar	Unmittelbare Wahrnehmung
sama	Gleich; ausgeglichener Bewußtseinszustand
samadhi	Überbewußter Zustand
samsar chakra	Rad von Tod und Geburt
samskar	Eindruck
sankalpa	Gestalterischer Wille; Entschlossenheit
sattwa	Reinheit
sattwic	Rein; harmonisch
satyam	Wahrheit, Brahman
shakti	Kraft
shat karmas	Sechs Reinigungsübungen des Hatha-Yoga: Dauti, Basti, Neti, Nauli, Tratak und Kapalabhati
siddha	Vollendeter Yogi
siddhi	Vollendung, psychische Kraft
sparsha	Berührung, Gefühle
sraddha	Vertrauen
sravan	Hören der Srutis

sthula	Physisch; grob
sukha	Glück; Behagen
sukshma	Astral; subtil
surya nadi	Anderer Name für Pingala
sutra	Vers
swara sadhan	Regulieren des Atems
tamas	Trägheit; Dunkelheit
tamasic	Träge; faul
tattwa	Elemente; Eigenschaft
titiksha	Unterlassung
tratak	Starren auf einen bestimmten Punkt
trikala jnani	Der Vergangenheit, Gegenwart und Zukunft kennt
trishna	Bitten
triveni	Stelle, an der sich die drei heiligen Flüsse treffen
tushti	Befriedigung
unmani avastha	Gedankenloser Zustand des Yogi
suttama	Der Beste
vairagya	Entsagung; Leidenschaftslosigkeit
vajra	Eisern; fest
vakh	Rede
vasana	Eindruck von Handlungen, die im Bewußtsein zurückbleiben
veerya	Samenkraft, Energie
vishuddha	Plexus pharingeus am Kehlkopf
vritti	Geistige Funktionen
yama	Erste Stufe des Yoga
yatra	Pilgerfahrt
yoga	Überbewußter Zustand; Vereinigung mit Paramatma
yogic	Auf Yoga bezogen
yogin	Yogi, der sich dem Yoga gewidmet hat
yukti	Gesunder Menschenverstand